맹자,

시대를 찌르다

맹자, 시대를 찌르다 : 큰글씨책 ❷

초판 1쇄 발행 2016년 9월 5일

지은이 정천구
펴낸이 강수걸
편집장 권경옥
펴낸곳 산지니
편집 정선재 윤은미
디자인 권문경 구혜림
등록 2005년 2월 7일 제14-49호
주소 부산광역시 연제구 법원남로 15번길 26 위너스빌딩 203호
전화 051-504-7070 | 팩스 051-507-7543
홈페이지 www.sanzinibook.com
전자우편 sanzini@sanzinibook.com
블로그 http://sanzinibook.tistory.com

ISBN 978-89-6545-369-7 04150
978-89-6545-367-3 (세트)

*책값은 뒤표지에 있습니다.
*이 도서의 국립중앙도서관 출판시도서목록(CIP)은 e-CIP 홈페이지 (http://www.nl.go.kr/ecip)에서 이용하실 수 있습니다.
(CIP 제어번호: CIP 2016019462)

큰글씨책

맹자, 시대를 찌르다

2권

아름다운 순우리말 번역의 새로운 주석서

정천구

산지니

차례

일러두기

1. 이 주석서는 『맹자주소(孟子注疏)』(十三經注疏整理本), 북경대학출판사, 1999를 저본으로 삼았다.
2. 『맹자』에 대한 주석서는 옛부터 매우 많았고, 그 가운데는 오래도록 권위를 누리는 것들도 있다. 그들 주석서를 일일이 다 참조하는 것은 번거로울 뿐만 아니라, 반드시 그래야만 할 까닭을 나 자신이 찾지 못했다. 무엇보다도 현재 우리나라에서 주희의 『맹자집주(孟子集注)』를 주로 읽고 있다는 것, 성리학을 하나의 학문으로 대하며 공정하고 객관적으로 보려는 시선이 부족할 뿐만 아니라 맹목적으로 옹호하는 풍조가 여전하다는 것이 이 주석서를 쓰게 된 가장 큰 계기요 이유이므로 주희의 해석도 참조하지 않았다. 해석에서 가장 중시한 것은 맹자가 활동했던 그 시대, 그 역사적 상황이었다. 그래서 그 시대를 알게 해주는 이야기들을 많이 끌어왔다. 이를 위해서 『사기』와 『전국책』을 특히 참조했다.
3. 나의 사족에서는 자연스럽게 상앙(商鞅)의 『상군서(相君書)』가 자주 등장한다. 상앙은 맹자와 동시대를 살았으면서 서로 상대 학문을 비판했다는 공통점이 있다. 그 시대를 난세로 보았다는 점은 같으나, 난세를 치세로 전환하기 위해 선택한 방도에서는 아주 달랐다. 그래서 『맹자』를 이해하는 데 있어 상앙은 매우 유용한 인물이라 할 수 있어 그의 저술을 대거 인용했음을 밝혀둔다.

3장

공손추 상 (公孫丑 上)

3.1

公孫丑問曰: "夫子當路於齊, 管仲 · 晏子之功, 可復許乎?"

孟子曰: "子誠齊人也, 知管仲晏子而已矣. 或問乎曾西曰, '吾子與子路孰賢?' 曾西蹴然曰, '吾先子之所畏也.' 曰, '然則吾子與管仲孰賢?' 曾西艴然不悅曰, '爾何曾比予於管仲? 管仲得君, 如彼其專也; 行乎國政, 如彼其久也; 功烈, 如彼其卑也. 爾何曾比予於是?" 曰: "管仲, 曾西之所不爲也, 而子爲我願之乎?"

曰: "管仲以其君霸, 晏子以其君顯. 管仲晏子猶不足爲與?"

曰: "以齊王, 由反手也."

曰: "若是, 則弟子之惑滋甚. 且以文王之德, 百年而後崩, 猶未洽於天下; 武王 · 周公繼之, 然後大行. 今言王若易然, 則文王不足法與?"

曰: "文王何可當也? 由湯至於武丁, 聖賢之君六七作, 天下歸殷久矣. 久則難變也. 武丁朝諸侯, 有天下, 猶運之掌也. 紂之去武丁未久也, 其故家遺俗, 流風善政, 猶有存者. 又有微子 · 微仲 · 王子比干 · 箕子 · 膠鬲, 皆賢人也, 相與輔相之. 故久而後失之也. 尺地, 莫非其有也; 一民, 莫非其臣也. 然而文王猶方百里起, 是以難也. 齊人有言曰, '雖有智慧, 不如乘勢; 雖有鎡基, 不如待時.' 今時則易然也. 夏后 · 殷 · 周之盛, 地未有過千里者也, 而齊有其地矣. 鷄鳴狗吠相聞, 而達乎四境, 而齊有其民矣. 地不改辟矣, 民不改聚矣, 行仁政而王, 莫之能禦也. 且王者之不作, 未有疏於此時者也; 民之憔悴於虐政, 未有甚於此時者也. 飢者易爲食, 渴者易爲飮. 孔子曰, '德之流行, 速於置郵而傳命.' 當今之時, 萬乘之國行仁政, 民之悅之, 猶解倒懸也. 故事半古之人, 功必倍之, 惟此時爲然."

공손추가 물었다.

"선생님께서 제나라에서 주요한 자리를 맡으신다면 관중(管仲)과 안자(晏子)가 이룬 일을 다시 하실 수 있으시겠습니까?"

맹자가 말했다.

"너는 정말로 제나라 사람이구나, 관중과 안자를 알 뿐이니 말이다. 누군가가 증서(曾西)에게 '그대와 자로 가운데 누가 현명한가?' 하고 물으니, 증서는 얼굴을 찡그리며 '내 선

친께서 두려워하셨던 분이다'라고 말했다. 또 '그렇다면 그대와 관중 가운데서는 누가 현명한가?'라고 물으니, 증서는 전혀 기뻐하지 않고 발끈하며 '너는 어찌 나를 관중과 견주는가? 관중은 임금의 마음을 얻어서 그토록 제맘대로 했고 나라의 정치를 맡아서 그토록 오래 했으면서도 이룬 공은 그토록 낮았다. 그대는 어찌 나를 이런 사람에 견주는가?'라고 했다."

맹자는 이어 말했다.

"관중이 한 일은 증서조차 하지 않으려 했는데, 너는 내가 그런 것을 바란다고 여기느냐?"

공손추가 말했다.

"관중은 그 임금을 패자가 되게 했고, 안자는 그 임금을 널리 드러냈습니다. 그래도 관중과 안자가 한 일은 할 만한 게 아닙니까?"

"그때 제나라를 가지고 왕노릇하는 건 손바닥 뒤집는 것과 같이 쉬운 일이었네."

"그게 그렇다면 이 제자는 더욱더 헷갈립니다. 게다가 문왕은 덕으로써 다스리며 백여

년을 산 뒤에야 죽었음에도 여전히 천하는 그 덕에 젖지 못했고, 무왕과 주공이 이은 뒤에야 그 덕화가 널리 행해졌습니다. 그런데 이제 왕노릇하기가 아주 쉬운 듯이 말씀하시니, 그렇다면 문왕은 본받을 만하지 못합니까?"

"어찌 내가 문왕과 맞먹을 수 있겠느냐? 탕(湯)에서 무정(武丁)에 이르기까지 거룩하거나 현명한 임금이 예닐곱 명 나왔고 또 천하가 은나라로 돌아간 지도 오래되었다. 오래되면 바꾸기가 어렵다. 그래서 무정이 제후들의 조회를 받고 천하를 차지하는 일은 손바닥 위에서 움직이는 것처럼 쉬웠다. 이 무정으로부터 주(紂)까지는 그리 오랜 세월이 아니었으므로 오래된 가문과 전해오던 습속, 선인이 남긴 풍습과 뛰어난 정치가 여전히 남아 있었다. 또 미자(微子) · 미중(微仲) · 왕자 비간(比干) · 기자(箕子) · 교격(膠鬲) 등의 신하들은 모두 현명한 사람들이었는데, 그들이 서로 함께하며 임금을 도왔다. 그래서 오랜 뒤에야 나라를 잃었던 것이다. 한 자의 땅도 은나라의 것이 아닌 게 없었고, 한 사람의 백성도 그 신하가 아닌 자 없었다. 그런데도 문왕은 사방 백 리의 땅으로 일어났으니, 이 때문에 바꾸기가 어려웠다. 제나라 사람들이 하는 말에, '지혜가 있다 하더라도 형세를 타는 것만 못하고, 괭이나 가래가 있다 하더라도 때를 기다리는 것만 못하다'는 게 있는데, 바로 지금이야말로 바꾸기가 쉽다.

하나라와 은나라, 주나라가 흥성할 때에도 그 땅이 사방 천 리를 넘지 않았는데, 이제 제나라는 그만한 땅을 차지하고 있다. 닭 울음과 개 짖는 소리가 서로 들려 사방의 국경까지 이르는데, 제나라는 그렇게 빽빽히 차 있는 백성들을 가지고 있다. 땅을 더 개간하지 않아도 되고 백성을 더 모으지 않아도 되니, 어진 정치를 행하면서 왕노릇을 하기만 한다면 막을 자가 없을 것이다. 더구나 왕노릇할 자가 나오지 않은 것이 이때보다 드문 적은 없었고, 백성이 모진 정치에 시달려서 파리해진 것이 이때보다 심한 적도 없었다. 굶주린 자는 먹게 하기가 쉽고, 목마른 자는 마시게 하기가 쉽다. 공자는 '덕이 흘러서 퍼지는 것은 날랜 역말로 왕명을 전하는 것보다 빠르다'고 말했다. 바로 이때 전차 만 대의 나라에서 어진 정치를 행한다면, 백성은 거꾸로 매달려 있다가 풀려난 것처럼 기뻐할 것이다. 그러므로 일은 옛사람의 반만 하고서도 그 공이 반드시 갑절이 되는 것은 오로지 이 때가 그렇게 만든 것이다."

注釋 공손추(公孫丑)는 맹자의 제자다. 부자(夫子)는 대부(大夫)를 지낸 공자를 일컫는 데서 비롯되었는데, 스승을 높여 부르는 말로 쓰이게 되었다. 당로(當路)는 주요한 지위를 맡는 것을 뜻하는데, 당권(當權) 또는 당정(當政)과 같다. 관중(管仲)은 제나라 환공(桓公) 때의 재상이었고, 안자(晏子)는 곧 안영(晏嬰)으로 제나라 경공(景公) 때의 재상이었다. 두 사람은 제나라의 전성기를 이끌었던 정치가로, 『사기』 〈관안열전(管晏列傳)〉에 그 전기가 나란히 실려 있다. 부(復)는 다시를 뜻한다. 허(許)는 일으키다, 해내다는 뜻이다. 성(誠)은 참으로, 진실로를 뜻한다. 증서(曾西)는 증삼(曾參)의

아들인 증신(曾申)으로, 자가 자서(子西)다. 증서를 증자의 손자로 보는 견해가 있으나, 따르지 않는다. 오자(吾子)는 상대를 친밀하게 일컫는 말이다. 자로(子路)는 공자의 제자인 중유(仲由)다. 숙(孰)은 누구를 뜻한다. 축연(蹴然)은 낯빛이 변하면서 삼가는 모습 또는 불안해하는 모습을 형용한 말이다. 선자(先子)는 이미 세상을 떠난 어른을 가리키는 말로, 후대에는 세상을 떠난 자기 부친을 가리키는 말로 널리 쓰이게 되었다. 여기서는 증서가 부친인 증삼을 가리켜 한 말이다. 불연(艴然)은 성난 낯빛을 형용한 말이다. 증비(曾比)의 증은 내(乃)와 같고, 비는 견주다, 나란히 세우다는 뜻이다. 전(專)은 제멋대로 하다, 혼자 처리하다는 뜻이다. 열(烈)은 사업이나 공덕을 뜻한다. 위아(爲我)의 위는 위(謂)와 같으며, 여기다, 생각하다는 뜻이다. 유(由)는 유(猶)와 같다. 반(反)은 뒤집다는 뜻이다. 자(滋)는 더욱을 뜻한다. 차(且)는 또, 게다가를 뜻하는데, 앞의 “관중이기군패, 안자이기군현(管仲以其君覇, 晏子以其君顯)”을 받는다. 문왕(文王)은 백여 세까지 살았던 것으로 알려져 있다. 주공(周公)은 희단(姬丹)으로, 문왕의 아들이고 무왕의 아우다. 무왕을 도와서 상 왕조의 주(紂)를 정벌하고 천하를 통일했으며, 나중에는 조카인 성왕(成王)을 도와서 혼란을 평정하고 천하를 안정시켰다. 노(魯)를 봉토로 받아서 노나라의 시조가 되었다. 이연(易然)은 쉽다는 뜻이다. 탕(湯)과 무정(武丁)은 상나라의 왕들로, 『사기』 〈은본기(殷本紀)〉에 따르면 둘 사이에는 태갑(太甲) · 태무(太戊) · 조을(祖乙) · 반경(盤庚) 등 현명한 군주들이 있었다. 다시 무정에서 마지막 왕인 주(紂) 사이에는 조경(祖庚) · 조갑(祖甲) · 늠신(廩辛) · 경정(庚丁) · 무을(武乙) · 태정(太丁) · 제을(帝乙) 등 일곱 명의 왕이 있었으나, 그 재위 기간이 대체로 짧았다. 미자(微子)는 이름이 계(啓)이며, 『좌전(左傳)』과 『사기』 등에 따르면 주(紂)의 배다른 형이다. 그런데 11.6에서는 미자를 주의 숙부라고 했다. 미중(微仲)은 미자의 아우로, 이름은 연(衍)이다. 왕자 비간(比干)은 주의 숙부인데, 여러 차례 간언을 하자 주는 그에게 "성인의 심장에는 일곱 개의 구멍이 있다고 들었소"라고 말하며 그의 심장을 갈라서 꺼내보았다고 한다. 기자(箕子) 또한 주의 숙부인데, 비간이 죽임을 당하자 거짓으로 미친 체했다고 한다. 교격(膠鬲)은 주의 신하다. 상여(相與)는 서로, 함께라는 뜻이고, 보상(輔相)은 돕다는 뜻이다. 불여(不如)는 ~보다 못하다는 뜻이다. 시(時)는 농사지을 때를 가리킨다. 폐(吠)는 짖다는 뜻이다. "닭 울음과 개 짖는 소리가 서로 들려 사방의 국경까지 이른다"는 말은 마을과 마을이 이어져서 사람들이 살지 않는 곳이 없었다는 뜻으로, 다시 말하면 도성에서 멀리 국경에 이르기까지 백성들이 가득했다는 뜻이다. 당시나 그 이후에도 백성이 많으냐 적으냐가 곧 국력의 척도였다. 개(改)는 따로, 다시를 뜻한다. 벽(辟)은 벽(闢)과 같으며, 열다, 개간하다는 뜻이다. 소(疏)는 성글다, 드물다는 뜻이다. 초(憔)는 시달리다, 야위다는 뜻이고, 췌(悴)는 파리하다, 시들다는 뜻이다. 갈(渴)은 목이 마르다는 뜻이다. 치우(置郵)는 역말 또는 역참을 뜻한다. 명(命)은 정령(政令)이나 명령이다. 도(倒)는 거꾸로를 뜻한다. 현(懸)은 매달다, 매달리다는 뜻이다.

蛇足 사마천은 관중과 안영의 열전을 쓰기 전에 두 사람이 각기 지은 『관자(管子)』와 『안자춘추

(晏子春秋)』를 읽었다고 말했다. 그러나 현재 전하는 두 책이 사마천이 읽었던 그 책인지는 확실하지 않다. 대체로 후대 사람의 위작으로 보는데, 두 사람의 글이 부분적으로 포함되어 있는 것 또한 사실이다. 『사기』의 〈관안열전(管晏列傳)〉을 비롯해서 여러 문헌을 통해 관중과 안영이 이룬 일에 대해서는 자못 알려져 있으니 생략하고, 사마천이 두 사람의 전기 끝에 덧붙인 평가는 한번 읽어볼 만하다.

"세상 사람들은 관중을 어진 신하라고들 하지만, 공자는 그를 하찮게 여겼다. 어찌 주나라 왕실의 운명이 쇠미해진 상황에서 어진 환공을 도와 왕도(王道)로써 천하를 다스리는 군자가 되게 하지 않고 패자(霸者)로서만 이름을 떨치게 했는가? 전하는 말에 '잘한 점은 좇아 더 잘하게 하고 잘못된 점은 바로잡아주어야만 군주와 신하가 서로 가까워질 수 있다'고 했는데, 이것이 어찌 관중을 두고 하는 말이 아니겠는가?

안자는 제나라 장공(莊公)이 대부 최저(崔杼)의 반역으로 죽었을 때, 그 주검 앞에 엎드려 소리 높여 울고 신하로서 예를 다하고 떠났다. 이를 어찌

'올바름을 보고도 실천하지 않은 용기 없는 행동'이라고 할 수 있겠는가? 그러나 왕에게 간언할 때는 왕의 낯빛에 조금도 구애받지 않았으니, 이는 '나아가서는 참된 마음을 다할 것을 생각하고 물러나서는 허물을 메울 것을 생각한다'는 마음가짐이었다. 오늘날 안자가 살아 있다면 나는 그를 위해 고삐를 잡으리니, 그만큼 흠모한다."

춘추시대는 바야흐로 혼돈이 잉태되던 때다. 아니, 혼돈이 이미 시작되었던 때라고 해야 할 것이다. 기존의 예악과 법도가 무너지고 도덕이 쇠퇴하고 있었다. 대대적으로 일어날 분란과 혼란이 그 전모를 드러내고 있었던 시대였다. 그런 때에 관중과 안영은 부국강병의 길을 모색하여 자신들의 주군을 드높였다. 이들은 주나라 왕실을 비롯해서 곳곳의 제후들이 거느렸던 수많은 신하들에 견주더라도 탁월하다고 할 업적을 남겼다. 그러나 맹자는 그들의 업적을 한낱 지푸라기나 강아지풀로 보았다. 왜냐하면 그들이 이룬 일은 결코 오래가지 않았기 때문이다.

관중을 기용하여 패자가 되었던 환공(桓公)은 관중의 유언을 무시하고 간신배를 중용한 탓에 그 자신이 굶어서 죽는 비참한 최후를 맞았고 제나라 또한 급격하게 혼란해지면서 위태로워졌다. 안영의 경우에는 더했으니, 그가 살아 있는 동안에 이미 장공이 반역자에게 죽임을 당했고 그 자신은 제나라를 떠나야 했기 때문이다. 비록 사마천이 안영을 지극히 흠모하기는 했으나, 그것은 개인적인 인품을 두고 평가한 것이다. 그들이 애써 이룬 패업은 왕도로 이룬 것과 달라서 결코 지속되는 업적은 되지 못한다. 역사가 그것을 입증해주고 있으니, 맹자의 관점을 소홀히 할 수 없다.

맹자가 관중과 안자 두 사람이 이룬 일을 하찮게 여긴 것은 패업을 이룰 정도라면 왕도를 실행하기가 아주 손쉬웠을 것이라 여겼기 때문이다. 또 '춘추오패'라고 말하듯이 춘추시대를 통틀어 패업을 이룰 수 있었던 군주를 만나기는 매우 드물다. 맹자도 이를 누구보다 잘 알았을 것이다. 그러했으므로 관중과 안영은 한 제후의 현명한 신하일지는 몰라도, 천하의 어진 선비라고 불리기에는 모자람이 있었다. 맹자가 일생을 떠돌면서 제 뜻을 굽히지 않은 것도 공업을 이루어 '한 제후의 현명한 신하'로 일컬어지기보다는 비록 이루지 못할지라도 한결같이 왕도로 나아가는 '천하의 어진 선비'로 남으려 했기 때문이다.

여기서는 또 맹자의 역사인식을 엿볼 수 있다. 맹자는 시세(時勢)의 작용을 잘 알고 있었다. 시간은 모든 것을 변하게 하지만 변화는 어느 한 순간에 한꺼번에 일어나는 것이 아니며, 오랜 세월 동안 이어져온 풍속이나 인정은 그만큼 오랜 기간에 걸쳐서 천천히 변화한다는 것이다. 이는 엄연한 진실이다. 설령 급격한 변화가 일어나더라도 그것은 하루아침에 갑자기 일어난 것이 아니다. 이미 오래전부터 수많은 변화의 동인과 요인들이 쌓이고 쌓여왔다가 더 이상 변화하지 않을 수 없는 지경에 이르러서 화산처럼 폭발한 것이다. 탁월한 안목을 지닌 자야 불변할 것 같은 현상 이면에서 벌어지는 조짐들을 알아채지만, 대부분의 사람들은 변화가 일어난 뒤에야 뒤늦게 그 변화를 알아채고는 당황한다. 심지어는 변화가 일어났는지, 일어났다면 어떤 변화인지조차 가늠하지 못하는 이들이 훨씬 많다. 이는 시세의 변화가 단순하지 않기 때문이다. 갖가지 원인들이 서로 작용하면서 동시적으로 나타나는 결과들이 또 거기에

뒤얽힌다.

흔히 역사적 사실을 밝히는 일을 쉬운 일처럼 여기지만, 결코 그렇지 않다. 카오스 이론이나 복잡성의 이론을 갖다 대야 할 정도다. 그래서 역사를 꿰뚫어보기가 그토록 어려운 것이다. 변할 것과 변하지 않을 것을 가려내는 일, 낡은 것을 알아채고 새것을 미리 가늠하는 일, 변화의 방향을 잡는 일 따위를 환히 볼 수 있어야 통찰력을 지녔다고 할 만한데, 그런 능력을 갖춘 자가 한 시대에 몇이나 나오겠는가? 그러나 불가능한 것은 아니다. 맹자도 은나라에서 주나라로 권력이 이동할 때의 내력과 상황을 이야기했는데, 바로 여기에 역사인식을 갖추고 통찰력을 지닐 수 있는 실마리가 제시되어 있다. 바로 역사를 통해서, 수많은 사실들의 얽힘과 풀림, 갖가지 현상들이 갈마드는 미묘한 고리를 읽고 이해하는 능력을 기른다면, 이에 더하여 일상의 미묘한 변화들을 자세히 살필 줄 안다면, 가능하다.

3.2

公孫丑問曰: "夫子加齊之卿相, 得行道焉, 雖由此霸王, 不異矣. 如此, 則動心否乎?"

孟子曰: "否. 我四十不動心."

曰: "若是, 則夫子過孟賁遠矣."

曰: "是不難, 告子先我不動心."

曰: "不動心有道乎?"

曰: "有. 北宮黝之養勇也. 不膚橈, 不目逃, 思以一豪挫於人, 若撻之於市朝; 不受於褐寬博, 亦不受於萬乘之君; 視刺萬乘之君, 若刺褐夫, 無嚴諸侯; 惡聲至, 必反之. 孟施舍之所養勇也, 曰, '視不勝, 猶勝也. 量敵而後進, 慮勝而後會, 是畏三軍者也. 舍豈能爲必勝哉? 能無懼而已矣.' 孟施舍似曾子, 北宮黝似子夏, 夫二子之勇, 未知其孰賢. 然而孟施舍守約也. 昔者曾子謂子襄曰, '子好勇乎? 吾嘗聞大勇於夫子矣. 自反而不縮, 雖褐寬博, 吾不惴焉; 自反而縮, 雖千萬人, 吾往矣.' 孟施舍之守氣, 又不如曾子之守約也."

曰: "敢問夫子之不動心與告子之不動心, 可得聞與?"

"告子曰, '不得於言, 勿求於心; 不得於心, 勿求於氣.' 不得於心, 勿求於氣, 可; 不得於言, 勿求於心, 不可. 夫志, 氣之帥也; 氣, 體之充也. 夫志至焉, 氣次焉. 故曰, '持其志, 無暴其氣.'"

"旣曰, '志至焉, 氣次焉.' 又曰, '持其志, 無暴其氣' 者, 何也?"

曰: "志壹則動氣, 氣壹則動志也. 今夫蹶者趨者, 是氣也, 而反動其心."

"敢問夫子惡乎長?"

曰: "我知言, 我善養吾浩然之氣."

"敢問何謂浩然之氣?"

曰: "難言也. 其爲氣也, 至大至剛, 以直養而無害, 則塞於天地之間. 其爲氣也, 配義與道, 無是, 餒也. 是集義所生者, 非義襲而取之也. 行有不慊於心, 則餒矣. 我故曰, 告子未嘗知義, 以其外之也. 必有事焉, 而勿正, 心勿忘, 勿助長也. 無若宋人然. 宋人有閔其苗之不長而揠之者, 芒芒然歸, 謂其人曰, '今日病矣! 予助苗長矣!' 其子趨而往視之, 苗則槁矣. 天下之不助苗長者寡矣. 以爲無益而舍之者, 不耘苗者也; 助之長者, 揠苗者也. 非徒無益, 而又害之."

"何謂知言?"

曰: “詖辭知其所蔽, 淫辭知其所陷, 邪辭知其所離, 遁辭知其所窮. 生於其心, 害於其政; 發於其政, 害於其事. 聖人復起, 必從吾言矣.”

“宰我 · 子貢, 善爲說辭; 冉牛 · 閔子 · 顏淵, 善言德行. 孔子兼之, 曰, ‘我於辭命, 則不能也.’ 然則夫子旣聖矣乎?”

曰: “惡, 是何言也! 昔者子貢問於孔子曰, ‘夫子聖矣乎?’ 孔子曰, ‘聖則吾不能. 我學不厭而敎不倦也.’ 子貢曰, ‘學不厭, 智也; 敎不倦, 仁也. 仁且智, 夫子旣聖矣.’ 夫聖, 孔子不居, 是何言也!”

“昔者竊聞之. 子夏 · 子游 · 子張皆有聖人之一體, 冉牛 · 閔子 · 顏淵則具體而微, 敢問所安.”

曰: “姑舍是.”

曰: “伯夷伊尹何如?”

曰: “不同道. 非其君不事, 非其民不使; 治則進, 亂則退, 伯夷也. 何事非君, 何使非民; 治亦進, 亂亦進, 伊尹也. 可以仕則仕, 可以止則止, 可以久則久, 可以速則速, 孔子也. 皆古聖人也, 吾未能有行焉. 乃所願則學孔子也.”

“伯夷 · 伊尹於孔子, 若是班乎?”

曰: “否. 自有生民而來, 未有孔子也.”

曰: “然則有同與?”

曰: “有. 得百里之地而君之, 皆能以朝諸侯有天下, 行一不義, 殺一不辜, 而得天下, 皆不爲也. 是則同.”

曰: “敢問其所以異.”

曰: “宰我 · 子貢 · 有若, 智足以知聖人, 汙不至阿其所好. 宰我曰, ‘以予觀於夫子, 賢於堯 · 舜遠矣.’ 子貢曰, ‘見其禮而知其政, 聞其樂而知其德. 由百世之後, 等百世之王, 莫之能違也. 自生民以來, 未有夫子也.’ 有若曰, ‘豈惟民哉? 麒麟之於走獸, 鳳凰之於飛鳥, 太山之於丘垤, 河海之於行潦, 類也. 聖人之於民, 亦類也. 出於其類, 拔乎其萃, 自生民以來, 未有盛於孔子也.”

공손추가 물었다.

“선생님께서 제나라의 재상이 되면 도를 실행할 수 있으신데, 이로 말미암아 왕을 패자로 만든다 하더라도 이상하지 않습니다. 이러하다면 마음이 흔들리시겠습니까, 흔들리지 않으시겠습니까?”

맹자가 말했다.

"흔들리지 않는다. 나는 나이 마흔에 흔들리지 않는 마음(不動心)을 지녔다."

"만약 그렇다면 선생님께서는 맹분(孟賁)보다도 뛰어나십니다."

"이는 어렵지 않으니, 고자(告子)도 나보다 먼저 흔들리지 않는 마음을 지녔다."

"마음이 흔들리지 않는 데에도 길이 있습니까?"

"있다. 북궁유(北宮黝)가 기른 용기는 이렇다. 낯에는 두려워하는 빛이 없고 눈길을 피하지 않았으며, 털끝만치라도 남에게 꺾이면 저잣거리나 조정의 뜰에서 매를 맞는 것처럼 부끄럽게 생각했으며, 미천한 자에게도 모욕을 받지 않고 전차 만 대를 가진 임금에게도 모욕을 받지 않았으며, 전차 만 대를 가진 임금을 찌르는 것을 하찮은 사내를 찌르는 것처럼 여겼으며, 제후조차 두려워하지 않으면서 자신을 헐뜯는 소리가 들리면 반드시 되갚았다. 맹시사(孟施舍)가 기른 용기는 이렇다. 그는 말하기를, '이기지 못해도 이기는 것처럼 여긴다. 적을 헤아린 뒤에 나아가고 이기리라는 판단이 선 뒤에야 맞붙어 싸운다면, 이는 삼군(三軍)을 두려워하는 자다. 나라고해서 어찌 반드시 이길 수 있겠는가? 두려워하지 않을 수 있을 뿐이다'라고 했다.
맹시사는 증자와 비슷하고 북궁유는 자하(子夏)와 비슷한데, 이 두 사람의 용기 가운데서 어느 쪽이 더 나은지는 잘 모르겠다. 그렇지만 맹시사는 깔밋하게 자신을 지켰다.
옛날에 증자가 자양(子襄)에게 이르기를, '그대는 용기를 좋아하는가? 내 일찍이 스승께 큰 용기에 대해 들은 적이 있다네. 스스로 돌이켜보아 바르지 아니하면 미천한 자라도 내가 두려워 떨게 하지 못하고, 스스로 돌이켜보아 바르면 비록 천만 명이 막아도 나는 지나간다고 말씀하셨지'라고 했다. 맹시사도 기운을 잘 갈무리했으나, 그럼에도 증자가 깔밋하게 자신을 지킨 것보다는 못하지."
"감히 여쭙겠습니다. 선생님의 흔들리지 않는 마음과 고자의 흔들리지 않는 마음에 대해 말씀해주시겠습니까?"
"고자는 '말에서 얻지 못하거든 마음에서 구

하지 말고, 마음에서 얻지 못하거든 기운에서 구하지 말라'고 했는데, 마음에서 얻지 못하거든 기운에서 구하지 말라는 말은 옳거니와 말에서 얻지 못하거든 마음에서 구하지 말라는 말은 옳지 못하다. 대개 뜻은 기운을 거느리는 장수요, 기운은 몸에 차 있는 것이다. 말하자면, 뜻이 이르면 기운은 그것을 따른다. 그래서 '그 뜻을 잘 지니고 그 기운을 어지럽히지 말라'고 하는 것이다."

"뜻이 이르면 기운은 그것을 따른다고 말씀하시고 또 그 뜻을 잘 지니고 그 기운을 어지럽히지 말라고 하셨는데, 무슨 말씀이신지요?"

"뜻이 오롯하면 기운을 움직이고, 기운이 오롯하면 뜻을 움직인다네. 이제 자빠지는 것과 내달리는 것은 기운인데, 도리어 그 마음을 움직이지."

"감히 여쭙겠습니다. 선생님께서는 무엇을 잘 하십니까?"

"나는 말을 알고, 나의 크낙한 기운(浩然之氣)을 잘 기르네."

"감히 여쭙겠습니다. 무엇을 크낙한 기운이라

합니까?"

"말하기가 어렵구나. 그것은 기운인데, 지극히 크고 지극히 굳세므로 곧게 길러 해로움 게 없으면 하늘과 땅 사이를 꽉 채운다네. 그 기운은 올바름과 도리를 짝하는데, 이게 없으면 주리게 되지. 이건 올바름이 차곡차곡 모여서 생겨나는 것이지, 올바름을 갑작스레 한 번 행한다고 얻어지는 건 아니라네. 행동할 때 마음에 찐덥지 않은 게 있으면 역시 이 기운이 없어서 주린 거지. 그래서 내가 '고자는 아직도 올바름을 알지 못한다'고 말했던 것이니, 그것은 그가 올바름을 밖에 있는 것으로 여겼기 때문이네.

이 크낙한 기운을 기를 때 꼭 해야 할 일이 있으니, 하다가 그만두어서도 안 되고 잊어서도 안 되며 억지로 기르려 해서도 안 되네. 이를테면 저 송(宋)나라 사람처럼 해서는 안 된다는 말일세. 송나라에 싹이 자라지 않는 것을 걱정하여 싹을 뽑아 올린 자가 있었는데, 꽤 지친 채로 집에 돌아와서는 집안사람들에게, '오늘은 아주 힘들구나. 내가 싹이 자라는 걸

도왔어'라고 말했네. 그 아들이 얼른 달려가서 보았더니, 싹은 그예 말라 있었다네. 천하에 싹이 자라는 걸 돕지 않는 자는 적다네. 이로움이 없다고 여겨서 버려두는 자는 싹을 김매지 않는 자지만, 자라도록 억지로 돕는 자는 싹을 뽑아 올리는 자야. 이런 건 이익이 없을 뿐 아니라 도리어 해치는 짓이지."

"말을 안다는 건 무슨 뜻입니까?"

"치우친 말을 들으면 그 마음이 무엇에 가려져 있는지를 알고, 지나친 말을 들으면 그 마음이 어디에 빠져 있는지를 알며, 삿된 말을 들으면 그 마음이 무엇에서 벗어나 있는지를 알고, 피하는 말을 들으면 그 마음이 무엇에 막혀 있는지를 알지. 이 네 가지 말은 마음에서 생겨나서 그 정치를 해치는데, 이런 말이 정치에서 나오면 온갖 나랏일들을 해친다네. 성인이 다시 나와도 반드시 내 말을 따를 걸세."

"재아(宰我)와 자공(子貢)은 조리 있는 말을 잘했고, 염우(冉牛)와 민자(閔子), 안연(顔淵)은 덕행에 대해 잘 말했는데, 공자는 이를 다 아우르고도 '나는 부름이나 물음에 알맞게 말하는 것은 잘 하지 못한다'고 말했습니다. 그렇다면 선생님께서는 벌써 성인이십니까?"

"아, 이 무슨 말이냐! 옛날에 자공이 공자에게 '스승님은 성인이십니까?'라고 여쭈니, 공자는 '성인의 일은 내가 할 수 없는 것이다. 나는 배움에 싫증내지 않고, 가르침에 게으르지 않는 정도다'라고 말했지. 자공은 '배움에 싫증 내지 않는 것은 지혜요, 가르침에 게으르지 않는 것은 어짊입니다. 어질고 또 지혜로우시니 선생님께서는 이미 성인이십니다'라고 말했다. 저 공자도 스스로 성인이라 하지 않았는데, 이 무슨 말이냐!"

"옛날에 제가 들으니, 자하(子夏)와 자유(子游), 자장(子張)은 모두 성인의 한 부분을 지녔고, 염우와 민자, 안연은 다 갖추었으나 미미했다고 하는데, 선생님께서는 이 가운데 어디에 머무시는지 여쭙고 싶습니다."

"이건 잠깐 제쳐두자."

"백이(伯夷)와 이윤(伊尹)은 어떠합니까?"

"길이 같지 않았다. 섬길 만한 군주가 아니면

섬기지 않고 부릴 만한 백성이 아니면 부리지 않았으며 다스려지면 나아가고 어지러워지면 물러난 이는 백이다. 누구든 섬기면 내 임금이 아니겠는가, 누구든 부리면 내 백성이 아니겠는가라고 하면서 다스려져도 나아가고 어지러워져도 나아간 이는 이윤이다. 벼슬할 만하면 벼슬하고, 그만둘 만하면 그만두고, 오래 머물어야 하면 오래 머물고, 빨리 떠나야 하면 빨리 떠난 이는 공자다. 이들은 모두 옛날의 성인이다. 이 가운데 어떤 것도 나는 아직 잘 하지 못한다. 내 바라는 게 있다면 공자를 배우는 것이다."

"백이와 이윤도 공자와 견주면, 이렇게 같습니까?"

"아니다. 세상에 사람이 생겨난 이래로 공자 같은 분은 없었다."

"그렇다면 같은 점은 있습니까?"

"있지. 사방 백 리의 땅을 얻어서 군주가 되면 모두 제후들에게 조회를 받고 천하를 가질 수 있으며, 한 가지라도 올바르지 못한 일을 하고 한 사람이라도 죄 없는 사람을 죽여서 천하를 얻는 일이라면 모두들 하지 않을 것이니, 이것이 곧 같은 점이지."

"다른 점은 무엇입니까?"

"재아와 자공, 유약(有若)은 그 지혜가 성인을 알아볼 수 있을 정도이니, 비록 지혜가 낮아도 자신들이 좋아하는 사람에게 알랑거리는 데까지 이르지는 않았다. 재아는 '내가 스승을 잘 살펴보니 요나 순보다 훨씬 현명하시다'라고 말했고, 자공은 '그 예의를 보면 그 정치를 알 수 있고, 그 음악을 들으면 그 덕을 알 수 있다. 백 세대 뒤에 백 세대의 왕들을 견주어 보아도 스승의 가르침에서 벗어날 수가 없다. 세상에 사람이 생겨난 이래로 스승 같은 분은 없었다'고 말했고, 유약은 '어찌 백성뿐이겠는가? 기린은 달리는 짐승들과, 봉황은 날짐승들과, 태산은 언덕이나 개밋둑 따위와, 강이나 바다는 길바닥에 고인 물과 같은 것들이고, 성인 또한 백성들과 같은 사람이다. 그러나 같은 부류에서 나왔음에도 그 무리 가운데서 빼어난 것이니, 세상에 사람이 생겨난 이래로 공자보다 뛰어난 분은 없었다'

고 말했다."

注釋 가(加)는 거(居)와 같으며, ~에 있다는 뜻이다. 이(異)는 이상하게 여기다는 뜻이다. 동심(動心)은 헷갈림이나 두려움이 있어서 흔들리거나 바깥 사물에 의해 흔들리는 마음이다. 사십(四十)은 마흔살을 뜻한다. 맹자가 "나는 마흔 살에 마음이 흔들리지 않았다"고 한 말은 공자가 "마흔에는 헷갈리지 않았다(四十而不惑)"(『논어』「위정(爲政)」)고 한 말과 통한다. 맹분(孟賁)은 고대의 용사(勇士)다. 고자(告子)는 『묵자(墨子)』에서도 언급되는 인물인데, 『묵자』「공맹(公孟)」편의 "여러 제자들이 '고자는 입으로는 올바름을 말하지만 그 행동은 아주 나쁩니다. 내치십시오'라고 말하자, 묵자는 '고자는 변론을 잘 하는데, 어짊과 올바름을 말하는 것이지 나를 헐뜯는 게 아니다'"라고 대답했다는 문답을 보면 묵가의 이론도 배운 듯하다. 북궁유(北宮黝)에 대해서는 자세히 알 수 없다. 다만, 『회남자(淮南子)』「주술훈(主術訓)」편에 "북궁자(北宮子)나 사마괴궤(司馬蒯蕢)라 하더라도 칼날을 쥐고서는 적에게 대응할 수 없다. 그러나 자루

를 쥐고 칼끝을 상대에게 겨누면 비록 하찮은 사람일지라도 적을 누르고 이길 수 있다"는 대목이 나오는데, 이 북궁자가 곧 북궁유가 아닐까 한다. 부(膚)는 얼굴 또는 낯을 의미한다. 뇨(橈)는 기세가 꺾이다, 약해지다는 뜻이다. 호(豪)는 호(毫)와 통용되며, 가는 털을 뜻한다. 달(撻)은 매질하다는 뜻이다. 시(市)는 물건을 사고파는 저자를, 조(朝)는 조정을 뜻한다. 수(受)는 모욕을 받다는 뜻이다. 갈관박(褐寬博)은 거친 베로 통이 넓게 지은 옷인데, 고대에 신분이 미천한 자가 입었으므로 미천한 자를 뜻한다. 이어 나오는 갈부(褐夫)와 같은 말이다. 엄(嚴)은 두려워하다는 뜻이다. 오성(惡聲)은 헐뜯는 소리, 듣기 싫은 소리다. 맹시사(孟施舍)는 누구인지 알 수 없다. 시(視)는 생각하다는 뜻이다. 량(量)은 헤아리다는 뜻이다. 회(會)는 병장기가 마주 치는 것을 뜻한다. 자하(子夏)는 공자의 제자인 복상(卜商)이다. 약(約)은 깔끔함, 깔밋함, 매끈함을 뜻하는데, 행동에 군더더기가 없거나 잡도리를 잘한다는 말맛이 담겨 있다. 자양(子襄)은 증자의 제자인 듯하나, 자세히 알 수 없다. 부자(夫子)는 공자를 가리킨다. 축(縮)은 바르다,

곧다는 뜻의 직(直)과 같다. 췌(惴)는 두려워하게 하다는 뜻이다. 우불여(又不如)의 우는 그럼에도 라는 말맛이 있다. 지(至)는 이르다는 뜻이고, 차(次)는 잇다, 따르다는 뜻이다. 지(持)는 지니다, 잡도리하다는 뜻이다. 포(暴)는 사납게 하다는 뜻으로, 여기서는 어지럽히다는 말맛이 있다. 일(壹)은 오롯하다, 한결같다는 뜻이다. 궐(蹶)은 넘어지다, 엎어지다는 뜻이고, 추(趨)는 달리다는 뜻이다. 오호장(惡乎長)에서 오(惡)는 무엇을, 장(長)은 잘하다를 뜻한다. 호연(浩然)은 아주 너르고 큰 것을 형용한 말이다. 배(配)는 짝, 짝하다는 뜻이다. 뇌(餒)는 굶다, 주리다는 뜻이다. 습(襲)은 느닷없이 덮치다는 뜻인데, 여기서는 갑작스레 ~을 하다는 뜻으로 쓰였다. 겸(慊)은 찐덥다, 흐뭇하다는 뜻이다. 외(外)는 밖의 것으로 돌리다는 뜻이며, 여기서는 마음 밖에 있는 것으로 여기다는 뜻으로 쓰였다. 정(正)은 지(止)의 잘못으로 보고 풀이했다. 조장(助長)은 이치에 맞지 않게 억지로 자라게 하거나 기르다는 뜻이다. 민(閔)은 우(憂)와 같으며, 걱정하다는 뜻이다. 알(揠)은 뽑다, 뽑아 올리다는 뜻이다. 망망연(芒芒然)은 지친 모양을 나타낸다.

기인(其人)은 집안 사람들을 가리킨다. 병(病)은 피곤하다, 힘들다는 뜻이다. 묘즉(苗則)의 즉(則)은 일의 결과를 나타낸다. 운(耘)은 김매다는 뜻이다. 비도무익(非徒無益)은 앞의 조장(助長) 또는 알묘(揠苗)를 주어로 받는다. 피(詖)는 치우치다, 기울다는 뜻이다. 폐(蔽)는 마음을 덮거나 가리는 것이다. 음(淫)은 정도를 넘어서다, 지나치다는 뜻이다. 함(陷)은 집착으로 말미암아 푹 빠진 것이다. 사(邪)는 바르지 못하다, 그릇되다는 뜻이다. 리(離)는 올바름이나 이치에서 벗어난 것이다. 둔(遁)은 숨기다, 피하다는 뜻이다. 궁(窮)은 어찌할 수 없는 데에 이르러 막힌 것이다. 재아(宰我)는 재여(宰予)이고, 자공(子貢)은 단목사(端木賜)이며, 염우(冉牛)는 자가 백우(伯牛)인 염경(冉耕)이고, 민자(閔子)는 자가 자건(子騫)인 민손(閔損)이며, 안연(顏淵)은 안회(顏回)로, 이들은 모두 공자의 제자다. 사명(辭命)은 사령(辭令)과 같으며, 부름이나 물음에 응대하는 것이다. 오(惡)는 놀라서 내뱉는 감탄사다. 자공과 공자가 주고받았다는 문답이 『논어』「술이(述而)」편에서는 스승께서 말씀하셨다. "거룩함이나 어짊으로 말하자면, 내가 어찌 감히? 그렇지만 그렇게 되기 위해 싫증 내지 않고 남을 가르치매 게을리하지 않는 것만큼은 뭐 그렇다고 말할 수 있다." 공서화가 말했다. "바로 이것을 저희들이 제대로 배우지 못하고 있습니다." (子曰: '若聖與仁, 則吾豈敢? 抑爲之不厭, 誨人不倦, 則可謂云爾已矣.' 公西華曰: '正唯弟子不能學也.')로 나온다. 절(竊)은 자신을 낮추어 한 말로, 다른 뜻은 없다. 자유(子游)는 언언(言偃)이고, 자장(子張)은 전손사(顓孫師)로, 모두 공자의 제자다. 고(姑)는 잠시, 잠깐을 뜻한다. 사(舍)는 제쳐두다는 뜻의 사(捨)와 같다. 백이(伯夷)는 그 아우인 숙제(叔齊)와 함께 고죽군(孤竹君)의 아들로, 서로 왕위를 양보하다가 끝내는 달아나 숨었다. 나중에 주(周)의 무왕이 상 왕조의 주(紂)를 정벌하려 할 때 그 말고삐를 잡으며 간언했고, 무왕이 상을 멸망시키자 수양산(首陽山)에서 굶어 죽었다고 한다. 사마천의 『사기』「열전」의 첫머리에 그 전기가 실려 있다. 이윤(伊尹)은 상 왕조를 연 탕(湯)의 신하다. 『사기』〈은본기(殷本紀)〉에 그 행적이 실려 있다. 사(仕)는 벼슬하다는 뜻이고, 지(止)는 벼슬을 그만두다는 뜻이다. 구(久)는 오래 머물다는 뜻이고, 속(速)

은 얼른 떠나다는 뜻인데, 10.1에서 이 두 글자의 의미가 분명하게 드러난다. 반(班)은 같다, 나란하다는 뜻이다. 군지(君之)는 임금이 되다는 뜻이다. 불고(不辜)는 죄 없는 자를 뜻한다. 유약(有若)은 노나라 사람으로, 공자의 제자다. 오(汚)는 낮다는 뜻이다. 아(阿)는 알랑거리다는 뜻으로, 여기서는 높이 일컬으려고 말을 일부러 꾸며서 하는 짓을 이른다. 여(予)는 재아(宰我)의 이름으로, 자신을 낮추어서 한 말이다. 등(等)은 나누다, 견주다는 뜻이다. 위(違)는 어기다, 벗어나다는 뜻이다. 질(垤)은 개밋둑을 뜻한다. 행료(行潦)는 길바닥에 고인 빗물이다. 췌(萃)는 취(聚)와 같으며, 무리를 뜻한다.

蛇足 여기서는 맹자와 관련된 대표적인 두 용어 '부동심(不動心)'과 '호연지기(浩然之氣)'가 나온다. 부동심은 어떠한 상황에서도 흔들리지 않는 마음을 이르는데, 이는 공자가 말한 '불혹(不惑)'과 통한다. 흔들리지 않는다는 것은 어떤 일에서도 헷갈리는 법이 없고 어떤 상황에서도 헤매지 않는다는 뜻이기 때문이다. 그런데 이 부동심을

용기와 연관시키고 있다. 북궁유와 맹시사의 용기에 대해 말한 것이 그것이다. 왜 용기를 길러야 흔들리지 않는 마음을 지닐 수 있다고 본 것일까?

용기란 떳떳함이고 당당함이다. 스스로 허물이 없다고 여길 때 절로 솟아나는 것이 용기다. 『중용』에서도 "부끄러움을 알면 용기에 가까워진다"고 했다. 날마다 일마다 자신을 돌아보아서 허물이 없도록 애쓰다보면 어떤 상대를 만나더라도 떳떳할 수 있고, 어떤 상황에 처하더라도 흔들리지 않을 수 있다. 그러나 이 용기는 결코 갑작스럽게 가질 수 있는 게 아니다. 어느 날 갑자기 그런 용기를 가질 수 있는 것처럼 여기는 자는 용기의 참뜻을 모르는 자다. 평소에 늘 자신을 돌아본 자가 아니면서 "나는 그런 때에 용기 있게 나설 수 있다!"고 말하는 자는 정작 그런 상황에서는 당혹해하거나 움찔하며 망설인다. 소인은 입으로 용기를 말하고, 대인은 몸으로 용기를 보여준다.

또 맹자는 뜻과 기운과 마음에 대해 말했는데, 이 셋의 경계는 모호하다. 같으면서 다르고, 다르면서 같다. 서로 넘나들고 갈마들면서 끊임없이 상호작용하는 관계에 있다. 중요한 것은 어느 하나가 부실하거나 허약해서도 안 된다는 사실이다. 그리고 그것은 결코 억지로 길러지거나 갖추어질 수 없다는 공통점을 갖는다. 그래서 조장(助長)의 폐해를 이야기한 것이다. 조장은 결과에 집착할 때 저지르기 마련이다. 결과보다 과정을 살필 줄 알아야 조장하지 않게 되는데, "행동할 때 마음에 찐덥지 않은 게" 있는지를 살피는 것이 그것이다. 살피는 기준은 올바름이다. 옳으냐 그르냐, 알맞으냐 어긋나느냐 따위로 기운을 잡도리해야 한다는 말이다. 그런 과정에서 본래 내재해 있던 기운이 호연지기로 되살아난다. 기운을 기르려 하는 인위적인 노력에서 시작해 저절로 가득해지는 무위자연에 이르러야 공부는 끝난다. 이를 말로써 표현하기는 참으로 어렵다. 그럼에도 호연지기를 잘 기르고 부동심에 이른다면, 말에 대해서는 저절로 알게 된다고 할 수 있으리라. 맹자가 "나는 말을 잘 안다"고 한 까닭도 여기에 있다.

그런데 맹자는 어떤 말에서든 숨겨진 마음을 엿볼 수 있다고 했다. 이는 말하는 이가 숨기려는 의도를 가졌든 가지지 않았든 간에 그 말에 그 의도가 실려 있을 수밖에 없다는 것이다. 이는 진실이다. 다만, 듣는 이가 그 숨겨진 마음을 읽어내느냐 읽어내지 못하느냐에 달렸을 뿐이다. 그 마음을 읽어내기만 한다면, 그가 하는 일이나 정치가 어떠할지를 파악하는 일은 어렵지 않다. 공자도 이와 비슷한 말을 한 적이 있다. 『논어』「자로(子路)」편에 나온다.

자로가 여쭈었다.

"위나라 군주가 스승을 맞이하여 정치를 한다면, 스승께서는 무엇을 먼저 하시겠습니까?"

공자가 말했다.

"반드시 이름을 바르게 할 것이다!"

"이렇군요, 스승께서 에두르시는 게! 어찌 꼭 이름을 바르게 하려 하십니까?"

"메떨어지구나, 유야! 군자는 자신이 알지 못하는 것에 대해서는 대도히 제쳐놓는다. 이름이 바르지 않으면 말이 매끈하지 못하고, 말이 매끈하지 못하면 일이 이루어지지 않고, 일이 이루어지지 않으면 예의와 음악이 내돋지 않고, 예의와 음악이 내돋지 않으면 형벌이 들어맞지 않고, 형벌이 들어맞지 않으면 백성들이 손발을 둘 데가 없다. 그래서 군자가 이름을 붙이면 반드시 말할 수 있고, 말하면 반드시 행할 수 있다. 군자는 그 말에서 옹색함을 없이할 뿐이다."

공자가 마지막에 "군자는 그 말에서 옹색함을 없이할 뿐이다"라고 말한 데에는 군자 정도가 되면 말이란 어떠한 것인지를 환히 알고 있다는 뜻이 담겨 있다. 군자는 마음을 살피고 기운을 잡도리하는 공부를 하는 자이므로 그 과정에서 저절로 말에 대해서 통찰하게 되기 때문이다. 맹자가 부동심과 지언(知言)을 아울러 말한 까닭도 여기에서 찾을 수 있다.

3.3

孟子曰: "以力假仁者霸, 霸必有大國; 以德行仁者王, 王不待大. 湯以七十里, 文王以百里. 以力服人者, 非心服也, 力不贍也; 以德服人者, 中心悅而誠服也, 如七十子之服孔子也. 詩云, '自西自東, 自南自北, 無思不服.' 此之謂也."

맹자가 말했다.

"힘으로써 어짊을 겉꾸미는 자는 패자(覇者)이니, 패자에게는 반드시 큰 나라가 있어야 한다. 덕으로써 어짊을 실행하는 자는 왕자(王者)이니, 왕자는 큰 나라를 필요로 하지 않는다. 탕왕은 사방 70리로, 문왕은 사방 100리로써 왕노릇했다. 힘으로써 사람을 따르게 하면 마음으로 따르지 않으니, 이는 힘이 부족해서다. 덕으로써 사람을 따르게 하면 마음속으로 기뻐하며 참으로 따르게 되니, 일흔 명의 제자가 공자를 따른 것과 같다. 『시경』「대아」의 〈문왕유성(文王有聲)〉에서, '서쪽에서 동쪽에서 남쪽에서 북쪽에서, 따르지 않는 이가 없도다'라고 한 것은 이를 두고 한 말이다."

注釋 가(假)는 거짓으로 꾸미다는 뜻이다. 탕왕과 문왕은 중세와는 달리 고대의 부족국가에서 출발했으므로 그 땅이 사방 백 리가 채 못 된 것은 당연하다. 맹자의 말은 그럼에도 다른 부족국가들을 이끌고 천하에 군림했다는 뜻이다. 복(服)은 좇다, 따르다는 뜻이다. 섬(贍)은 족(足)과 같으며, 넉넉하다는 뜻이다. 칠십자(七十子)는 공자의

제자들을 가리킨다. 『사기』 〈공자세가(孔子世家)〉를 보면, "공자는 시와 서, 예와 악으로써 제자들을 가르쳤는데, 대략 3천 명이었다. 그 가운데서 육예(六藝)에 통달한 자가 일흔두 명이었다"고 했는데, 이 일흔두 명을 대략 70명으로 일컬은 것이다. 사(思)는 별다른 뜻이 없다.

蛇足 자기 군주를 패자로 만들려고 했던 인물이 상앙이다. 상앙은 포상과 형벌로써 신하들을 제어하고 백성들이 따르도록 했다. 이렇게 해서는 마음 깊이 군주를 따르는 이를 찾아보기 어렵게 된다. 마음으로 따르지 않는다는 것은 언제든지 그 마음이 돌아설 수도 있다는 뜻이다. 실제로 그러했으니, 진(秦) 제국의 몰락 과정에서 여실하게 드러났다. 진시황의 두뇌 노릇을 하면서 정적(政敵)들을 제거하고 천하통일을 위한 계책을 낸 이사가 환관인 조고의 꾐질에 넘어간 것은 그에게 군주를 위한 마음보다 자신의 영달을 위하는 마음이 더 크게 자리하고 있었기 때문이다. 그러했으므로 자신을 전적으로 신뢰해주었던 황제를 배신하고 황제의 조서를 위조하여 태자를 죽음으

로 내몰고 한낱 환관이 전횡을 일삼을 수 있는 빌미를 제공했을 뿐 아니라, 그 자신과 일족이 참혹하게 죽임을 당하기에 이르렀다. 이런 이사의 복종을 참된 복종이라 믿었을 진시황이야말로 참으로 가엾기 그지없는 인간이다. 그의 죽음을 참으로 슬퍼해주는 이가 없었고, 오히려 가장 가까이 있던 자들이 권력욕에 사로잡혀 배신을 하고 제국을 멸망으로 이끌었으니.

패도에도 복종은 있으나 그 복종은 결코 마음에서 우러난 복종이 아니라는 것을 맹자는 일찌감치 꿰뚫어보았던 것이다.

3.4

孟子曰: "仁則榮, 不仁則辱. 今惡辱而居不仁, 是猶惡濕而居下也. 如惡之, 莫如貴德而尊士, 賢者在位, 能者在職; 國家閒暇, 及是時, 明其政刑. 雖大國, 必畏之矣. 詩云, '迨天之未陰雨, 徹彼桑土, 綢繆牖戶. 今此下民, 或敢侮予?' 孔子曰, '爲此詩者, 其知道乎! 能治其國家, 誰敢侮之?' 今國家閒暇, 及是時, 般樂怠敖, 是自求禍也. 禍福無不自己求之者. 詩云, '永言配命, 自求多福.' 太甲曰, '天作孽, 猶可違; 自作孽, 不可活.' 此之謂也."

맹자가 말했다.

"어질면 이름을 떨치고, 어질지 않으면 욕된다. 그런데 이제 욕됨을 싫어하면서도 어질지 않은 짓을 하고 있으니, 이는 축축한 데를 싫어하면서도 낮은 곳에서 사는 것과 같다. 가령 욕됨을 싫어한다면, 덕을 귀하게 여기고 선비를 높이며 현명한 자에게 걸맞은 자리를 주고 능력 있는 자에게 알맞은 직책을 주며, 나라와 집안에 어지러운 일이 없을 때에는 그 정치와 법도를 밝히는 것이 가장 낫다. 그러면 아무리 큰 나라라 하더라도 반드시 두려워할 것이다. 『시경』 「빈풍(豳風)」의 〈치효(鴟鴞)〉에서, '하늘에 아직 먹구름이 끼어 비가 내리지 않을 때, 저 뽕나무 뿌리의 껍질을 벗겨 들창과 문을 칭칭 동여매도다. 이제 이 백성들 가운데서 누가 감히 나를 업신여기리오?' 라고 했는데, 공자는 '이 시를 지은 자는 도리를 아는 자로다! 나라와 집안을 제대로 다스린다면, 누가 감히 그를 업신여기리오?'라고 말했다. 이제 나라와 집안에 어지러운 일이 없는데, 이런 때에 놀며 즐기기만 하고 빈둥거리니 이는 스스로 재앙을 부르는 짓이다. 재앙이든 복이든 제 스스로 부르지 않는 게 없다. 『시경』「대아」의 〈문왕(文王)〉에서는 '길이 길이 하늘의 뜻과 함께하여, 스스로 많은 복을 구하라'고 했고, 『상서』의 〈태갑(太甲)〉에서는 '하늘이 내린 재앙은 오히려 피할 수 있으나, 스스로 지은 재앙에서는 살아날 수가 없도다'라고 했으니, 이를 두고 한 말이다."

注釋 오(惡)는 싫어하다는 뜻이다. 막여(莫如)는 ~하는 것이 낫다는 뜻이다. 한가(閒暇)는 나라에 어지러운 일이 없고 집안에 걱정거리가 없는 것을 이른다. 형(刑)은 법도나 도리를 뜻한다. 태(迨)는 미치다, 이르다는 뜻이다. 음우(陰雨)는 구름이 끼어 비가 오는 것이다. 철(徹)은 벗기다는 뜻이다. 상두(桑土)는 뽕나무 뿌리인데, 여기서는 그 껍질을 벗겨서 밧줄처럼 쓴다는 것을 뜻한다. 주(綢)와 무(繆)는 얽다, 동여매다는 뜻이다. 유(牖)

는 들창이다. 반(般)은 락(樂)과 같으며, 즐기다는 뜻이다. 태(怠)는 게으르다는 뜻이다. 오(敖)는 오(遨)와 같으며, 멋대로 놀다는 뜻이다. 영(永)은 장(長)과 같으며, 길이길이, 오래도록을 뜻한다. 배명(配命)은 천명 곧 하늘의 뜻과 짝하다는 뜻으로, 하늘의 뜻에 맞게 행동하는 것을 이른다. 〈태갑(太甲)〉은 지금 전하는 『금문상서(今文尙書)』와 『고문상서(古文尙書)』에는 없는 것이다. 지금의 『상서』에 있는 〈태갑상〉·〈태갑중〉·〈태갑하〉 셋은 곧 『위고문상서(僞古文尙書)』에 있던 것이다. 본문의 글은 〈태갑중〉에 나온다. 얼(孽)은 재앙을 뜻한다. 위(違)는 피하다는 뜻이다.

蛇足 앞서 맹자는 힘으로써 어짊을 겉꾸미는 자를 패자(霸者)라 했다. 패업을 이룬 자는 자신이 어진 정치를 편다는 착각(錯覺)을 하거나 환상(幻想)을 가질 공산이 크다. 가까이서도 자신을 칭송하고 멀리서도 자신을 칭송하는 말이 거듭 들려오기 때문이다. 그러나 착각은 결코 정각(正覺)이 아니고, 환상 또한 결코 실상(實相)이 아니다.

패자의 착각이나 환상은 때가 되면 깨지는데,

문제는 깨지는 때가 생각보다 빨리 오고 그것을 알아차렸을 때는 피할 수 없는 재앙이 이미 닥쳤을 때라는 사실이다. 춘추시대에 '춘추오패'라 불린 이들이 이룬 업적은 참으로 대단했으나, 그 업적이 얼마나 오래 지속되었던가를 생각해보면 알 수 있다. 가령 춘추오패 가운데 첫 패자였던 제나라 환공의 경우를 보자.

환공은 관중이라는 탁월한 인물을 재상으로 둔 덕분에 패자가 될 수 있었다. 그 관중이 병이 나자, 환공이 찾아가서 물었다.

"뭇 신하들 가운데 재상을 시킬 만한 이가 누구요?"

관중이 말했다.

"임금보다 더 신하를 잘 알 사람은 없지요."

"역아(易牙)는 어떠하오?"

"제 자식을 죽여 임금에게 아첨했으니, 이는 인정에 어긋납니다. 안 됩니다."

"개방(開方)은 어떠하오?"

"부모를 배신하고 임금에게 아첨했으니, 인정에 어긋납니다. 곁에 두면 안 됩니다."

"수도(竪刀)는 어떠하오?"

"제 생식기를 잘라 임금에게 아첨했으니, 인정에 어긋납니다. 가까이하면 안 됩니다."

관중이 죽은 뒤, 환공은 관중의 말을 따르지 않고 이 세 사람을 가까이두어 중용했다. 이리하여 이 세 사람이 정권을 전횡하게 되었고, 끝내 환공은 굶어 죽었다. 환공이 죽은 뒤 권력 다툼이 벌어졌고, 이 때문에 환공의 주검은 67일이나 내버려진 상태에 있었다. 주검에서 구더기가 들끓을 정도였다고 한다. 이런 재앙을 부른 이는 누구일까?

3.5

孟子曰: "尊賢使能, 俊傑在位, 則天下之士皆悅, 而願立於其朝矣; 市, 廛而不征, 法而不廛, 則天下之商皆悅, 而願藏於其市矣; 關, 譏而不征, 則天下之旅皆悅, 而願出於其路矣; 耕者, 助而不稅, 則天下之農皆悅, 而願耕於其野矣; 廛, 無夫里之布, 則天下之民皆悅, 而願爲之氓矣. 信能行此五者, 則鄰國之民仰之若父母矣. 率其子弟, 攻其父母, 自有生民以來, 未有能濟者也. 如此, 則無敵於天下. 無敵於天下者, 天吏也. 然而不王者, 未之有也."

맹자가 말했다.

"현명한 이를 높이고 능력 있는 자를 부려서 빼어난 자들이 벼슬자리에 있으면, 천하의 선비들이 모두 기뻐하며 그 조정에 서려고 할 것이다. 저자에서 가겟세만 받고 물품세를 받지 않거나 법대로 처리하며 자릿세조차 받지 않으면, 천하의 장사치들이 모두 기뻐하며 그 저자에 물건을 갈무리하려고 할 것이다. 관문에서 살피기만 하고 구실을 받지 않으면, 천하의 나그네들이 모두 기뻐하며 그 길로 다니려고 할 것이다. 밭 가는 자에게 공전(公田)을 경작하는 일을 돕게만 하고 세금을 거두지 않으면, 천하의 농부들이 모두 기뻐하며 그 들녘에서 밭을 갈려고 할 것이다. 제 사는 곳에서 노역하지 않는 자와 뽕나무를 심지 않는 자에게 베를 거두지 않으면, 천하의 백성이 모두 기뻐하며 그 백성이 되려고 할 것이다. 진실로 이 다섯 가지를 제대로 실행한다면, 이웃 나라의 백성이 그를 어버이처럼 우러러볼 것이다. 백성이 세상에 생긴 이래로 그

아들들을 이끌고 그 어버이를 쳐서 일을 이룬 자는 아직 없었다. 이와 같다면, 천하에 맞설 자가 없다. 천하에 맞설 자가 없는 이는 하늘이 낸 벼슬아치다. 그러고서도 왕노릇하지 못한 자는 아직까지 없었다."

注釋 준걸(俊傑)은 남들보다 뛰어나거나 빼어난 사람이다. 전이부정(廛而不征)의 전(廛)은 가게, 가겟세를 뜻한다. 정(征)은 구실, 구실받다는 뜻이다. 장(藏)은 갈무리하다는 뜻이다. 관(關)은 관문으로, 국경이나 기타 요해처에 설치하여 출입하는 사람을 조사하는 문 또는 그 문이 있는 곳이다. 기(譏)는 조사하다, 살피다는 뜻이다. 려(旅)는 나그네를 뜻한다. 경(耕)은 밭을 갈다는 뜻이다. 조(助)는 공전(公田)의 경작을 돕는 일을 가리킨다. 이는 정전법(井田法)과 관련되는데, 정전법은 9백 무의 밭을 정(井)자 형태로 구획하여 한가운데의 백 무는 공전(公田)으로 하여서 공동으로 경작하고 나머지는 여덟 가구에 각각 백 무씩 배정하여 사사로이 경작하게 하는 것이다. 전무부리지포(廛, 無夫里之布)의 전(廛)은 집터, 생활하는 터전을

뜻한다. 부리지포(夫里之布)는 부포(夫布)와 리포(里布)를 가리키는데, 부포는 노역에 종사하지 않는 대가로 내는 베를, 리포는 집에 뽕나무를 심지 않는 것에 대해 거두는 세금으로 지세(地稅)에 해당한다. 부포와 리포는 정해진 세금 외의 부가세로, 처음에는 특수한 경우에만 거두었으나 차츰차츰 고정된 세금처럼 거두었다. 이것이 결국 지배층의 탐욕을 채우고 백성을 괴롭히는 구실을 했으므로 맹자는 없애야 한다고 말했던 것이다. 맹(氓)은 백성, 특히 다른 나라나 지방에서 이주해 온 백성을 이른다. 앙(仰)은 우러르다, 따르다는 뜻이다. 제(濟)는 일을 이루다는 뜻이다. 리(吏)는 벼슬아치다.

蛇足 패도를 지향한 상앙은 유가의 정치를 철저하게 반대했다. 그것은 유가의 정치야말로 혼란을 조장한다고 보았기 때문이다. 일리가 있는 말이다. 그러나 상앙이 비난한 유가의 정치는 공자나 맹자가 말한 정치가 아니다. 예의나 법도, 어짊과 올바름을 잘못 이해했거나 그것을 불철저하게 운용한 제후나 신하들에 의해서 유가의 정치

는 왜곡되어 있었던 것이다. 맹자가 그토록 왕도를 운운한 까닭도 그 때문이다.

"세상에서 말하는 현명한 자는 그 말이 바른 것에 지나지 않는다. 그러나 그들을 선하고 바르다고 하는 것은 파당을 지은 데서 나온 것이다. 군주가 그 말을 들으면 능력이 있다고 여겨서 파당을 지은 자들에게 묻고는 그렇다고 생각한다. 그래서 그가 공을 세우기를 기다리지도 않고 귀하게 쓰고, 죄가 드러나기를 기다리지도 않고 처벌한다."

『상군서』「신법(愼法)」에 나오는 한 대목이다. 얼핏 보면, 상앙이 비판한 현명한 자가 맹자가 말한 현명한 자처럼 여겨질 수 있으나, 실제로는 그렇지 않다. 상앙이 비판한 자를 맹자도 똑같이 비판했다. 겉으로 어짊을 꾸미고 실제로는 사사로운 이익을 챙기는 자들이며, 바른 말을 끌어와서 교묘하게 아첨하거나 이간질하는 자들을 경계한 점은 똑같다. 그렇다면, 상앙과 맹자는 같은 맥락에서 비판을 하고 있다고 해도 과언은 아니다. 다만, 지향하는 바가 달랐으므로 그 과정 또한 달랐을 뿐이다.

3.6

孟子曰: "人皆有不忍人之心. 先王有不忍人之心, 斯有不忍人之政矣. 以不忍人之心, 行不忍人之政, 治天下可運之掌上. 所以謂人皆有不忍人之心者, 今人乍見孺子將入於井, 皆有怵惕惻隱之心, 非所以內交於孺子之父母也, 非所以要譽於鄉黨朋友也, 非惡其聲而然也. 由是觀之, 無惻隱之心, 非人也; 無羞惡之心, 非人也; 無辭讓之心, 非人也; 無是非之心, 非人也. 惻隱之心, 仁之端也; 羞惡之心, 義之端也; 辭讓之心, 禮之端也; 是非之心, 智之端也. 人之有是四端也, 猶其有四體也. 有是四端而自謂不能者, 自賊者也; 謂其君不能者, 賊其君者也. 凡有四端於我者, 知皆擴而充之矣, 若火之始然, 泉之始達. 苟能充之, 足以保四海; 苟不充之, 不足以事父母."

맹자가 말했다.
"사람이라면 누구나 남에게 차마못하는 마음이 있다. 옛 왕들은 남에게 차마못하는 마음이 있었으니, 그래서 남에게 차마못하는 정치를 했다. 남에게 차마못하는 마음으로 남에게 차마못하는 정치를 베푼다면, 천하를 다스리는 일은 손바닥 위에서 움직이는 것처럼 쉬울 것이다. 사람이라면 누구나 남에게 차마못하는 마음이 있다고 말하는 까닭은 이렇다. 이제 우물에 들어가려는 어린아이를 갑자기 보게 되면 누구나 두려워하고 놀라며 슬퍼하고 가엾어하는 측은지심을 갖게 될 것이니, 이는 어린아이의 부모와 가깝게 사귀려고 해서가 아니고, 마을 사람들이나 벗들이 추어올려주기를 바라서도 아니며, 어린아이가 우는 소리가 싫어서 그러는 것도 아니다. 이로써 보건대, 두려워하고 놀라며 슬퍼하고 가엾어하는 측은지심이 없으면 사람이 아니고, 부끄러워하고 미워하는 수오지심이 없으면 사람이 아니며, 받지 않고 주려고 하는 사양지심이 없으면 사람이 아니고, 옳음과 그름을 가리는 시비지심이 없으면 사람이 아니다. 두려워하고 놀라며 슬퍼하고 가엾어하는 측은지심은 어짊의 실마리요, 부끄러워하고 미워하는 수오지심은 올바름의 실마리요, 받지 않고 주려고 하는 사양지심은 예의의 실마리요, 옳음과 그름을 가리는 시비지심은 지혜의 실마리다. 사람에게 이 네 가지 실마리가 있는 것은 마치 몸뚱이에 두 팔과 두 다리가 있는 것과 같다. 이 네 가지 실마리를 가지고 있음에도 나는 할 수 없다고 말하는 자는 자신을 해치는 자요, 내 임금은 할 수 없다고 말하는 자는 그 임금을 해치는 자다. 무릇 나에게 갖추어져 있는 네 가지 실마리를 모두 넓혀서 가득 채울 줄 안다면, 불이 처음 타오르고 샘물이 처음 솟아나는 것과 같이 되리라. 참으로 이를 가득 채울 수 있다면 온 천하를 지킬 수 있을 것이요, 정말이지 채울 수 없다면 제 어버이조차 섬기지 못할 것이다."

注釋 인(忍)은 모질다, 몹시굴다는 뜻으로, 불인인(不忍人)은 남의 괴로움이나 어려움을 차마 보지 못한다는 것과 남에게 차마 모질게 굴지 못한다는 두 가지 의미를 내포하고 있다. 사(斯)는 즉(則)과 같으며, 그러므로, 그래서라는 뜻이다. 사(乍)는 갑자기를 뜻한다. 출(怵)은 두려워하다, 슬퍼하다는 뜻이고, 척(惕)은 두려워하다, 놀라다

는 뜻이다. 측(惻)은 슬퍼하다를, 은(隱)은 가엾어하다를 뜻한다. 내(內)는 안으로 하다, 곧 가까이 하다는 뜻이다. 요(要)는 구하다, 바라다는 뜻이다. 예(譽)는 기리다, 추어올리다는 뜻이다. 수(羞)는 부끄러워하다는 뜻이다. 사(辭)는 받지 않는 것을, 양(讓)은 넘겨주는 것을 뜻한다. 단(端)은 사물이 처음 나타나는 머리이면서 근본을 뜻한다. 확(擴)은 넓히다는 뜻이다. 연(然)은 타다, 타오르다는 뜻인데, 후대에는 이 뜻으로 연(燃)을 썼다. 달(達)은 뚫고 나오다, 솟아나다는 뜻이다. 보(保)는 지키다, 편안하게 하다는 뜻이다.

蛇足 사람에게 있는 네 가지 마음을 찾아낸 통찰은 대단하다. 누구나 경험하면서 느끼고 가졌던 마음인데, 대부분의 사람들은 허투루 보아 넘겼다. 그러나 맹자는 달랐다. 그리고 사람들마다 마음 씀씀이가 다른 것은 사람에게 내재한 것이 달라서가 아니라 살피고 확충하는 노력이 달라서라고 말했다.

차마못하는 마음도 사람에게 있지만, 남에게 모질게 구는 마음도 사람에게 있다. 남에게 모질게 구는 마음은 당시의 군주들과 신하들이 갖고 있었던 마음이다. 상앙은 이 마음을 백성에게도 요구했다. 그는 백성들을 다그쳐 농사에 전념하도록 부리고 또 전쟁에 나서서는 용감하게 목숨을 바치도록 형벌로써 두렵게 만드는 농전(農戰)을 중심으로 철저한 통제 정책을 폈다. 이를 위해서는 남에게 모질게 구는 마음을 부추겨 백성들이 착해지지 않고 간사해지도록 해야 한다고 했다. "다른 사람의 죄악을 고발하는 '간사한 백성'을 써서 죄악을 덮어주는 '착한 백성'을 다스리면, 그 나라는 반드시 잘 다스려지고 강성하게 된다"(『상군서』「설민」)는 게 그의 생각이었다. 이 또한 난세의 통치술로는 효과가 있는 방책이지만, 이렇게 해서 다스려지는 나라는 결코 태평성대를 누리는 나라라고 할 수 없고 폭풍전야의 그 고요함을 잠깐 누릴 수 있을 뿐이다. 물론 이런 상앙의 주장은 자기 시대가 난세라는 판단에서 나온 것이지만, 강성 일변도의 정책은 필연적으로 한계에 부닥칠 수밖에 없음을 간과했다.

"형벌은 힘을 낳고, 힘은 강대함을 낳고, 강대함은 위세를 낳고, 위세는 덕을 낳으니, 덕은 형벌에서 나온다."(『상군서』「설민」)

이로써 법가의 덕과 유가의 덕이 얼마나 다른지를 알 수 있는데, 이는 상앙과 맹자가 사람의 마음에서 본 것이 각기 달랐기 때문에 생긴 차이라고 할 수 있다.

또 상앙이 말한 덕은 백성이 갖추어야 할 것이지 군주가 갖추어야 할 것은 아니었다. 군주는 그저 권병(權柄)을 쥐고 부리는 존재일 뿐, 그가 덕을 갖출 필요는 없다고 보았기 때문이다. 반면에 맹자는 네 가지 마음을 군주나 신하들이 모두 오롯하게 지녀야 한다고 말했다. 백성들은 그런 마음이 있어도 확충할 수 있는 여가도 없고 여유도 없다. 윗 사람들이 그런 마음을 지니고 다스린다면, 백성들은 바람 앞에 풀처럼 저절로 교화가 된다. 이것이 왕도다.

3.7

孟子曰: "矢人豈不仁於函人哉? 矢人惟恐不傷人, 函人惟恐傷人, 巫匠亦然. 故術不可不愼也. 孔子曰, '里仁爲美! 擇不處仁, 焉得智?' 夫仁, 天之尊爵也, 人之安宅也. 莫之禦而不仁, 是不智也. 不仁不智, 無禮無義, 人役也. 人役而恥爲役, 由弓人而恥爲弓, 矢人而恥爲矢也. 如恥之, 莫如爲仁. 仁者如射, 射者正己而後發, 發而不中, 不怨勝己者, 反求諸己而已矣."

맹자가 말했다.
"화살 만드는 사람이 어찌 갑옷 만드는 사람보다 어질지 못하겠는가? 화살 만드는 사람은 사람을 다치게 하지 못할까를 걱정하고, 갑옷 만드는 사람은 사람이 다칠까를 걱정할 뿐이다. 무당과 목수 역시 그러하다. 그러므로 기술이란 삼가지 않을 수 없다. 공자가 말하기를, '어짊에 머무니 아름답다 하리라! 잘 가려서 어짊에 머물지 못한다면, 어찌 지혜롭다고 할 수 있으리오?'라고 하였다. 대저 어짊은 하늘이 내린 존귀한 벼슬이요 사람이 편안하게 머물 집이다. 막는 자가 없는데도 어질지 않다면, 이는 지혜롭지 못한 것이다. 어질지 못하고 지혜롭지도 못하며 예의가 없고 올바름도 없으면, 남에게 부려진다. 남에게 부려지면서 부려지는 걸 부끄러워하는 것은 활 만드는 자가 활 만드는 일을 부끄러워하고 화살 만드는 자가 화살 만드는 일을 부끄러워하는 것과 같다. 부끄러워하기보다는 차라리 어질게 되려고 애써야 한다. 어짊은 활쏘기와 같으니, 활을 쏘는 자는 자신을 바르게 한 뒤에야 쏘며, 과녁을 맞히지 못하면 자기를 이긴 자를 탓하지 않고 돌이켜 자신에게서 그 까닭을 찾을 뿐이다."

注釋 함(函)은 개(鎧)와 같으며, 갑옷을 뜻한다. 무(巫)는 무당이지만 고대에는 병을 다스리기도 했다. 장(匠)은 목수를 뜻한다. 술(術)은 맹자 당시에 합종이나 연횡을 유세하는 이들이나 병법을 내세우는 자들을 염두에 두고 한 말이다. 모두 사람을 살리거나 죽이는 일과 깊이 연관되어 있었기 때문이다. 공자의 말은 『논어』「리인(里仁)」편에 나온다. 유(由)는 유(猶)와 같다. 여(如)는 ~하기 보다는을, 막여(莫如)는 차라리 ~ 해야 한다를 뜻한다.

蛇足 오늘날 많은 젊은이들이 어떤 직업을 선택할 것인가를 고민한다. 대체로 높은 연봉과 좋은 작업 환경을 보장해주는 곳으로 가려할 뿐, 직업 자체에 대한 고려는 잘 하지 않는다. 이는 욕심이 직업 선택의 기준으로 작용하고 있음을 의미한다. 자신의 능력을 믿지 못하는 심리가 작용한 것이기도 하다. 문제는 물질적인 조건만을 따지다가는 자칫 남을 억누르고 남에게 횡포를 일삼는 일조차 마다하지 않게 될 수 있다는 사실이다. 근래에 대리점주들에게 물량을 강제로 떠넘기고 반품을 거절하라고 한 본사의 횡포를 대신해서 저지른 본사 직원들의 문제가 큰 이슈가 되었다. 본사 직원이야 본사에서 그렇게 하라고 해서 한다고 하지만, 그가 판단 능력을 상실한 자가 아니고서야 어찌 그게 그릇된 일임을 몰랐겠는가. 제 홀로 먹고 살자고 그렇게 한 것이나 다름이 없다. 그런데 과연 그렇게 해서 호사라도 누리고 있는가? 전혀 그렇지 못하다. 이야말로 폭군 밑에서 봉사한 자의 말로와 참 닮았다. 맹자는 "기술이란 삼가지 않을 수 없다"고 했는데, 직업을 선택함에 있어서도 마찬가지다. 뒤늦게 뉘우치면서 부끄러

워하는 것으로는 이미 늦고 또 부족하다. 그럴 바에는 "차라리 어질게 되려고 애써야 한다." 이는 누구나 할 수 있고 그럴 능력도 있다.

또 신분이 높은 자, 재능이 뛰어난 자일수록 잘 가려서 어짊에 머물어야 한다. 그렇게 하지 못한다면, 2차 세계대전 때 유럽에서 미국으로 망명한 물리학자들이 루즈벨트 대통령을 설득해서 핵분열반응을 이용하여 핵폭탄을 만든 그런 일을 감행하게 된다. 설령 일시적인 대량살상으로 세계대전을 끝내기는 했으나, 20세기 내내 전 세계 사람들은 늘 핵전쟁의 불안에 떨어야 했다. 지금도 언제 누구를 겨냥해서 터질지 모르는 핵무기가 세계를 위협하고 있다. 탐욕으로 저지른 전쟁을 역시 탐욕으로 저지한 셈인데, 전쟁은 끝나도 여전히 무고한 살상의 위협은 남아 있다. 이 모두 나 자신을 돌아보지 않은 데서 비롯된 후과다. 나를 돌아보면 남을 살필 줄 알게 되고, 남을 살필 줄 알면 판단과 선택이 신중해지지 않을 수 없다. 그러면 하늘이 준 벼슬인 어짊을 저절로 갖추게 될 터인데.

3.8

孟子曰: "子路, 人告之以有過, 則喜. 禹聞善言, 則拜. 大舜有大焉, 善與人同, 舍己從人, 樂取於人以爲善. 自耕稼陶漁以至爲帝, 無非取於人者. 取諸人以爲善, 是與人爲善者也. 故君子莫大乎與人爲善."

맹자가 말했다.
"자로는 남이 그에게 허물이 있다는 걸 알려주면 기뻐했다. 우는 착한 말을 들으면 절을 했다. 위대한 순은 더욱 위대했으니, 남과 함께 착해지려 했고 자기를 버리고 남을 좇을 줄 알았으며 남에게 좋은 점이 있으면 기꺼이 받아들였다. 밭 갈고 곡식을 심고 질그릇 굽고 고기잡이할 때부터 제왕이 되기에 이르기까지 남에게서 취하지 않은 게 없었다. 남의 좋은 점을 받아들이는 것은 남과 함께 착해지는 것이다. 그러므로 군자에게 남과 함께 착해지는 것보다 큰 것은 없다."

注釋 고(告)는 가르치다, 깨우쳐주다는 뜻이

다. 우(禹)는 중국 고대에 하(夏) 왕조를 열었던 왕으로, 홍수를 다스린 영웅이다. 선언(善言)은 착한 말, 좋은 말, 훌륭한 말을 뜻한다. 유대(有大)의 유(有)는 더욱을 뜻한다. 동(同)은 남에게도 통하게 하다는 말맛이 있다. 낙취(樂取)의 낙(樂)에는 기꺼이라는 말맛이 있고, 취(取)에는 받아들여 내 것으로 삼다는 말맛이 있다. 경(耕)은 밭을 갈다는 뜻이고, 가(稼)는 심다는 뜻이다. 도(陶)는 질그릇을 만들다는 뜻이다. 『사기』〈오제본기(五帝本紀)〉에서는, "순이 역산(歷山)에서 농사를 짓자 역산의 사람들은 모두 밭의 경계를 양보했고, 뇌택(雷澤)에서 고기를 잡자 뇌택의 사람들은 모두 사는 곳을 양보했으며, 황하 가에서 그릇을 굽자 황하 가에서 나온 그릇들은 모두 흠이 없었다. 1년이 지나자 마을이 이루어졌고, 2년이 지나자 읍이 되었으며, 3년이 지나자 도시가 되었다"고 했다.

蛇足 『논어』에서 자공(子貢)과 더불어 가장 자주 등장하는 인물이 자로다. 그 자로는 본래 사냥을 일삼던 야인(野人)이었다. 그런 그가 배움을 통해 군자의 면모를 갖추게 된 데에는 스승인 공자

의 가르침이 크기도 했지만, 무엇보다도 그 자신의 마음가짐이 야무지고 빈틈이 없었기 때문이다. 그는 들은 것을 아직 잘하지 못하면 또 다른 걸 들을까봐 두려워했다.(『논어』「공야장」) 즉, 배운 게 있으면 그것을 오롯하게 체득하려고 했으며, 이미 배운 것을 터득하지 못했으면 새로운 것을 더 배우려 하지 않았다는 말이다. 이는 지식을 얻는 공부를 한 게 아니라 지혜를 갖추는 공부를 했다는 뜻이다. 지혜란 이렇게 자신을 끊임없이 살피면서 느리지만 야무지고 단단한 공부를 해야만 터득할 수 있다. 우가 착한 말을 들으면 절을 했고 순이 어디서나 배울 거리를 얻었다고 한 것도 같은 뜻을 담고 있다.

오늘날 우리 사회에서는 교육만이 살길이라고 이구동성으로 말하고 있다. 과연 교육이 살길을 열어주는가? 오히려 탐욕을 조장하고 경쟁심을 부추기고 있지 않은가? 아무 쓸모도 없는 지식을 외우느라 지혜란 어떤 것인지조차 모르고 대학을 졸업하고 있지 않은가? 대학을 나서면서도 어떤 직업을 선택해야 할지, 무슨 일을 해야 할지, 아니 자신이 누구인지조차 모르고 있지 않은가? 그렇게 허우적대는 사람을 만드는 것이 작금의 교육이다. 이런 교육이 과연 살길인가?

3.9

孟子曰: "伯夷, 非其君, 不事; 非其友, 不友. 不立於惡人之朝, 不與惡人言. 立於惡人之朝, 與惡人言, 如以朝衣朝冠坐於塗炭. 推惡惡之心, 思與鄉人立, 其冠不正, 望望然去之, 若將浼焉. 是故諸侯雖有善其辭命而至者, 不受也. 不受也者, 是亦不屑就已. 柳下惠, 不羞汙君, 不卑小官, 進不隱賢, 必以其道. 遺佚而不怨, 阨窮而不憫. 故曰, '爾爲爾, 我爲我, 雖袒裼裸裎於我側, 爾焉能浼我哉!' 故由由然與之偕而不自失焉, 援而止之而止. 援而止之而止者, 是亦不屑去已."

孟子曰: "伯夷隘, 柳下惠不恭. 隘與不恭, 君子不由也."

맹자가 말했다.

"백이는 섬길 만한 임금이 아니면 섬기지 않고, 사귈 만한 벗이 아니면 사귀지 않았다. 모진 자들이 있는 조정에서는 벼슬하지 않았고 모진 자와는 함께 말하지 않았으니, 모진 자들이 있는 조정에 서는 것과 모진 자와 말하는 것을 마치 관복을 입고 관을 쓰고서 진흙탕이나 숯더미에 앉는 것처럼 여겼다. 모진 짓을 미워하는 마음을 미루어서는 고향 사람과 서 있을 때 그 사람의 관이 바르지 않으면 자신을 더럽힐 것처럼 생각하여 뒤도 돌아보지 않고 가버렸다. 이런 까닭에 제후들이 비록 명령을 잘 전하는 자를 보내어 부르더라도 받아들이지 않았다. 받아들이지 않은 것은 역시 나아감을 탐탁치 않게 여겼기 때문이다.
유하혜는 더러운 임금도 부끄러워하지 않고, 낮은 벼슬도 하찮게 여기지 않고, 나아가서는 현명함을 숨기지 않은 채 반드시 도리에 맞게 했다. 버림을 받아도 마음이 뒤틀리지 않고 막다른 곳에 이르러서도 걱정하지 않았다. 그래서 '너는 너요, 나는 나로다. 비록 네가 내 옆에서 웃옷을 벗거나 벌거벗은들 어찌 나를 더럽힐 수 있으리오!'라고 말했다. 그러므로 느긋하게 그런 자와 함께하면서도 스스로 올바름을 잃지 않았고, 자신을 붙잡으며 머물게 하면 또 머물었다. 붙잡으며 머물게 한다고 해서 머무는 것은 역시 떠남을 탐탁치 않게 여겼기 때문이다."

맹자가 말했다.

"백이는 좁았고, 유하혜는 삼가지 않았다. 좁음과 삼가지 않음은 군자가 행하지 않는 것이다."

注釋 립(立)은 벼슬을 한다는 말맛을 담고 있다. 도탄(塗炭)은 진흙과 숯을 뜻하여 대체로 매우 힘들고 괴로운 지경을 가리키는데, 여기서는 더러운 곳을 가리키는 말로 쓰였다. 망망연(望望然)은 못마땅하게 여기는 마음이나 태도다. 매(浼)는 더럽히다는 뜻이다. 사명(辭命)은 왕명을 받들어서 알맞은 말로써 전하는 일이다. 유하혜(柳下惠)는 노나라 대부인 전무해(展無駭)의 아들로, 이름은 획(獲)이고 자는 금(禽)이다. 수(羞)는 부끄러워하다는 뜻이다. 오(汙)는 마음이나 행실이 더럽다는 뜻이다. 비(卑)는 하찮게 여기다는 뜻이다. 유(遺)는 버려지다는 뜻이다. 일(佚)은 일(逸)과 통하

며, 본래는 숨다는 뜻이지만 여기서는 등용되지 않고 버려진 것을 뜻한다. 액(阨)은 막히다는 뜻이다. 민(憫)은 걱정하다는 뜻이다. 단석(袒裼)은 웃통을 벗어 어깨를 드러내는 것이다. 나정(裸裎)은 벌거벗다, 알몸을 드러내다는 뜻이다. 유유연(由由然)은 마음에 거리낌이 없고 떳떳한 것이다. 해(偕)는 함께하다는 뜻이다. 애(隘)는 마음이나 도량이 좁은 것이다. 공(恭)은 삼가는 태도다. 불유(不由)의 유는 따르다, 행하다는 뜻이다.

蛇足 그 행실이 빼어나다고 일컬어진 두 선비, 백이와 유하혜를 들면서 맹자는 한 사람은 좁았고 한 사람은 삼가지 않았다고 했다. 맹자는 그렇게 평가하면서 그런 것은 군자가 하지 않는다고 했다. 말하자면, 백이와 유하혜는 군자가 못 된다는 뜻이다. 참으로 신랄한 평가다. 그러나 한편으로 곰곰이 따져보면, 일리가 있는 평가다. 군자란 전체적인 상황과 흐름을 보고서 판단하고 선택하여 행동으로 옮기는 자인데, 백이와 유하혜는 오로지 자신이 정한 기준만을 고집했던 인물들에 가깝다. 시세의 변화를 도외시하고, 자기 틀에 갇

혀 있었던 것이다. 그래서 백이는 수양산에서 허망하게 죽었고, 유하혜는 끝까지 버텼다. 그러면 맹자는 어느 쪽인가? 백이 쪽인가, 유하혜 쪽인가, 아니면 그 가운데인가?

4장

공손추 하 (公孫丑 下)

4.1

孟子曰: “天時不如地利, 地利不如人和. 三里之城, 七里之郭, 環而攻之而不勝. 夫環而攻之, 必有得天時者矣; 然而不勝者, 是天時不如地利也. 城非不高也, 池非不深也, 兵革非不堅利也, 米粟非不多也, 委而去之, 是地利不如人和也. 故曰, ‘域民不以封疆之界, 固國不以山谿之險, 威天下不以兵革之利.’ 得道者多助, 失道者寡助. 寡助之至, 親戚畔之; 多助之至, 天下順之. 以天下之所順, 攻親戚之所畔, 故君子有不戰, 戰必勝矣.”

맹자가 말했다.

“하늘의 때는 땅의 이로움만 못하고, 땅의 이로움은 사람의 어울림보다 못하다. 둘레 3리인 내성과 둘레 7리인 외성을 에워싸서 공격을 하더라도 이기지 못하는 일이 있다. 대체로 에워싸서 공격을 하는 것은 반드시 하늘의 때를 얻었기 때문인데, 그럼에도 이기지 못하는 것은 하늘의 때가 땅의 이로움보다 못해서다. 성이 높지 않은 것이 아니고 해자가 깊지 않은 것도 아니며 무기와 갑옷이 예리하거나 견고하지 않은 것도 아니고 군량미가 적지 않은 것도 아닌데, 성을 버리고 떠나는 것은 땅의 이로움이 사람의 어울림보다 못하기 때문이다. 그러므로 '백성을 머물게 하는 것은 나라의 경계로써 하는 것이 아니고, 나라를 굳건하게 하는 것은 산과 골짜기의 험준함으로 하는 것이 아니며, 천하에 위세를 떨치는 것은 무기와 갑옷의 예리함으로 하는 것이 아니다'고 한다. 나라를 다스리는 도를 얻으면 도와주는 이가 많아지고, 나라를 다스리는 도를 잃으면 도와주는 이가 적어진다. 도와주는 이가 적어지다가 막판에 이르면 친척들조차 배반하고, 도와주는 이가 많아져서 지극해지면 천하 사람들이 그를 따른다. 천하 사람들이 따르는 이가 친척들조차 배반한 자를 치는 법이다. 그러므로 군자는 되도록이면 싸우지 않지만, 싸우면 반드시 이긴다."

注釋 천시(天時)는 추위나 더위, 흐리거나 맑은 날씨 등을 가리킨다. 지리(地利)는 성이 높고 못이 깊거나 산과 강이 험한 것 등을 가리킨다. 인

화(人和)는 사람들의 마음이 일치하고 화합하는 것이다. 성(城)은 내성(內城)이고, 곽(郭)은 외성(外城)이다. 여기서 말하는 둘레 3리인 내성과 7리인 외성은 성곽치고는 꽤 작은 편에 속한다. 환(環)은 둘러싸다, 에워싸다는 뜻이다. 지(池)는 성 주위에 둘러 있는 못, 곧 해자다. 병혁(兵革)의 병(兵)은 무기, 혁(革)은 갑옷을 뜻한다. 위(委)는 버리다는 뜻이다. 역(域)은 땅의 경계인데, 여기서는 그 경계 안에 머물게 한다는 뜻이다. 봉강(封疆)은 제후에게 토지를 주어서 나라를 이루게 한 땅으로, 여기서는 국경(國境)이라는 뜻으로 쓰였다. 고(固)는 굳다, 단단하다는 뜻이다. 득도(得道)의 도(道)는 나라를 다스리는 길, 곧 어진 정치를 뜻한다. 지(至)는 긍정적으로는 지극한 곳을, 부정적으로는 막판이나 막바지를 뜻한다. 친척(親戚)은 봉건제 및 전국시대의 상황과 관련된 말인데, 봉건제는 주(周) 왕조가 들어서면서 왕실의 핏줄과 건국 공신들에게 토지를 나누어 주어서(封土) 나라를 세우게 한(建國) 데서 비롯된 용어다. 그리고 제후들은 다시 핏줄들에게 땅을 나누어 주어서 가문을 형성하게 했는데, 경(卿)과 대부(大夫)들이 그들이다. 그런데 춘추시대에는 제후들이 강성해지면서 왕실이 유명무실해졌고, 전국시대에는 대부 집안이 권력을 독점하면서 전횡을 일삼았다. 특히 진(晉)나라는 대부 집안들이 다투며 땅을 나누어 가지면서 쪼개어졌고, 그 결과 한(韓)·위(魏)·조(趙) 세 나라가 성립되면서 전국시대가 펼쳐졌다. 이렇게 각 제후국의 내부에서 일어나는 반란과 모반의 주체가 대부분 혈연 관계에 있던 대부들이었으므로 그들을 '친척'이라 했던 것이다. 반(畔)은 반(叛)과 같이, 배반하다는 뜻이다. 유(有)는 될 수 있으면, 되도록이라는 말맛이 있다.

蛇足 『논어』「안연(顔淵)」편의 다음 이야기가 절로 떠오른다.

자공이 정치에 대해 여쭈니, 공자가 말했다.

"먹을거리가 넉넉하고 병력과 무기가 넉넉하고 백성들이 믿는 것이다."

"어쩔 수 없이 꼭 버려야 한다면, 세 가지 가운데서 무엇을 먼저 버릴까요?"

"병력과 무기를 버려라."

"어쩔 수 없이 꼭 버려야 한다면, 두 가지 가운

데서 무엇을 먼저 버릴까요?"

"먹을거리를 버려라. 옛부터 모든 사람은 죽었다. 그러나 백성들에게 믿음이 없으면 그 나라는 바로 서지 못한다."

부국을 이루고 강병을 갖추는 바탕에 백성의 믿음이 있다. 부국강병을 이룬 뒤에 백성의 믿음을 얻는 것이 결코 아니다. 그래서 공자는 부국과 강병의 문제보다 백성의 믿음을 얻는 일이 우선되어야 한다고 했다. 맹자 또한 같은 맥락에서 인화(人和)를 말했다. 맹자만이 아니다. 상앙조차 백성의 신뢰를 얻는 일이 얼마나 중요한지를 알고 있었다.

효공의 절대적인 지지를 받아서 변법을 시행하게 된 상앙이 먼저 염려한 것은 백성이 새 법령을 믿지 않을까 하는 것이었다. 그래서 그는 도성의 남문에 세 길이나 되는 나무를 세운 뒤에 방을 붙였다.

"누구든지 이 나무를 북문으로 옮겨 놓는 자에게는 10금의 상을 내리겠다."

그러나 백성은 이를 이상하게 여길 뿐, 아무도 옮기지 않았다. 다시 방을 붙였다.

"이것을 옮기는 자에게는 50금의 상을 내리겠

다."

여전히 백성은 이를 의아하게 여겼다. 이때 어떤 사람이 시험삼아 이것을 북문으로 옮겨 세웠다. 그러자 그에게 50금을 주어 나라에서 백성을 속이지 않음을 분명히 했다. 그러고 나서 새 법령을 널리 알렸다.

이는 『사기』 〈상군열전〉에 나오는 이야기다. 아무리 좋은 법령을 마련하더라도 백성이 믿고 따르지 않는다면, 그 법령은 없느니만 못하다. 법이나 형벌을 중시하든 덕성이나 지혜를 중시하든 백성의 믿음이 가장 중요하다. 다만, 법가에서 말하는 믿음은 포상과 형벌을 통한 강제성을 띠므로 상하와 백성들이 서로 어우러질 수가 없고, 맹자가 말한 어울림은 오랜 교화를 통해서 이루어지지만 자발적인 것이어서 쉽사리 깨지지 않는다는 장점이 있다.

4.2

孟子將朝王, 王使人來曰: "寡人如就見者也, 有寒疾, 不可以風. 朝, 將視朝, 不識可使寡人得見乎?"

對曰: "不幸而有疾, 不能造朝."

明日, 出弔於東郭氏. 公孫丑曰: "昔者辭以病, 今日弔. 或者不可乎?"

曰: "昔者疾, 今日愈, 如之何不弔?"

王使人問疾, 醫來.

孟仲子對曰: "昔者有王命, 有采薪之憂, 不能造朝. 今病少愈, 趨造於朝, 我不識能至否乎?"

使數人要於路, 曰: "請必無歸, 而造於朝!"

不得已而之景丑氏宿焉.

景子曰: "內則父子, 外則君臣, 人之大倫也. 父子主恩, 君臣主敬. 丑見王之敬子也, 未見所以敬王也."

曰: "惡! 是何言也! 齊人無以仁義與王言者, 豈以仁義爲不美也? 其心曰, '是何足與言仁義也'云爾, 則不敬莫大乎是. 我非堯舜之道, 不敢以陳於王前, 故齊人莫如我敬王也."

景子曰: "否! 非此之謂也. 禮曰, '父召, 無諾; 君命召, 不俟駕.' 固將朝也, 聞王命而遂不果, 宜與夫禮若不相似然."

曰: "豈謂是與? 曾子曰, '晉楚之富, 不可及也. 彼以其富, 我以吾仁; 彼以其爵, 我以吾義, 吾何慊乎哉? 夫豈不義而曾子言之? 是或一道也. 天下有達尊三, 爵一, 齒一, 德一. 朝廷莫如爵, 鄕黨莫如齒, 輔世長民莫如德. 惡得有其一以慢其二哉? 故將大有爲之君, 必有所不召之臣, 欲有謀焉, 則就之. 其尊德樂道, 不如是, 不足與有爲也. 故湯之於伊尹, 學焉而後臣之, 故不勞而王. 桓公之於管仲, 學焉而後臣之, 故不勞而覇. 今天下地醜德齊, 莫能相尙, 無他, 好臣其所敎, 而不好臣其所受敎. 湯之於伊尹, 桓公之於管仲, 則不敢召. 管仲且猶不可召, 而況不爲管仲者乎?"

맹자가 왕을 만나러 조정에 가려고 했는데, 왕이 보낸 사람이 와서 말했다.

"과인이 마땅히 가서 그대를 보아야 하나, 몸살이 나서 바람을 쐴 수가 없소. 아침에 조회를 하려는데, 과인이 조정에서 그대를 만날 수 있게 해주겠소?"

맹자가 대답했다.

"불행하게 저도 병이 있어 조정에 갈 수가 없습니다."

이튿날, 동곽씨(東郭氏)에게 조문을 갔다. 공손추가 물었다.

"어제는 병이 있다고 사양하시더니, 오늘은 조문을 가셨습니다. 옳지 않은 일이 아닌지요?"

"어제는 아팠고 오늘은 나았으니, 어찌 조문하지 않겠느냐?"

왕은 사람을 보내어 병세를 묻고 의원을 보냈다.

맹중자(孟仲子)가 대답했다.

"어제 왕명이 있었으나 땔나무를 진 듯 몸이 무겁고 아파서 조정에 갈 수 없었습니다. 오늘 병이 조금 나아서 서둘러 조정으로 가셨는데, 아직 이르지 않았는지요?"

그리고는 여러 사람을 시켜 길에서 기다렸다가, "돌아오지 마시고 조정으로 가십시오!"라는 말을 전하게 했다. 그래서 맹자는 어쩔 수 없이 경추씨(景丑氏) 집으로 가서 하룻밤 머물렀다.

경자(景子)가 말했다.

"안으로는 아비와 자식이 있고 밖으로는 임금과 신하가 있으니, 이는 모듬살이에서 중요한 관계입니다. 아비와 자식의 관계에서는 은혜를 주로 하고, 임금과 신하의 관계에서는 공경을 으뜸으로 합니다. 이 추(丑)는 왕께서 그대를 공경하는 것은 보았으나, 그대가 왕을 공경하는 것은 보지 못했습니다."

맹자가 대답했다.

"오, 이 무슨 말이오! 제나라 사람 가운데에 왕에게 어짊과 올바름을 말하는 자가 없다고 해서 어찌 그들이 어짊과 올바름을 좋지 않게 여긴다 하겠소? 그저 마음속으로 '어찌 이 사람과 어짊과 올바름에 대해 말할 수 있겠는가'라고 생각해서이니, 불경스럽기로는 이보다 더 큰 것이 없소. 나는 요나 순의 도가 아니면 왕 앞에서 감히 늘어놓지 않소이다. 그러니 왕을 공경하기로는 제나라 사람들이 나보다 못하오."

경자가 말했다.

"아닙니다! 그걸 말하는 게 아닙니다. 『예(禮)』에 이르기를, '아비가 부르면 대답할 새도 없이 달려가고, 임금이 명을 내리면 수레를 기다리지 않는다'고 했습니다. 선생께서는 처음에는 조정에 가려고 했는데, 임금의 명이 내리자 끝내 그렇게 하지 않았습니다. 이는 저 『예』에서 말한 바와는 비슷하지도 않은 듯합니다."

"어찌 그게 이를 두고 말한 것이겠소? 증자가 말하기를, '진나라나 초나라의 부유함에는 내가 미칠 수 없다. 그러나 저들이 부유함을 내세운다면 나는 나의 어짊을 내세울 것이요, 저들이 벼슬을 내세운다면 나는 나의 올바름을 내세울 것이니, 내 어찌 찐덥지 않으리오?' 라고 했소. 어찌 올바르지 않은 것을 증자가 말했겠소? 이것도 하나의 도리라 할 수 있소. 천하에는 높여야 할 것이 셋이 있으니, 벼슬이 그 하나고, 나이가 그 하나이며, 덕이 그 하나라오. 조정에서는 벼슬만 한 것이 없고, 마을에서는 나이만 한 것이 없으며, 세상을 지키고 백성을 기르는 데에는 덕만 한 것이 없소. 어찌 이 가운데 하나를 얻었다고 해서 다른 둘을 업신여기겠소? 그러므로 장차 큰 일을 하려는 군주에게는 반드시 함부로 부를 수 없는 신하가 있는 법이니, 큰일을 꾀하려 한다면 그를 몸소 찾아가야 하오. 그처럼 덕을 높이고 도를 즐김이 이와 같지 않다면, 그와 함께 큰일은 할 수 없소. 그러므로 탕은 이윤을 만나자 그에게서 배운 뒤에야 그를 신하로 삼았기 때문에 힘들이지 않고 왕노릇할 수 있었소. 환공도 관중을 만나서는 먼저 그에게서 배운 뒤에 그를 신하로 삼았기 때문에 힘들이지 않고 패자가 되었소. 이제 천하의 여러 나라들은 그 땅의 크기와 덕이 서로 비슷하여 누가 낫다고 할 수 없는데, 이는 다른 게 아니라 신하에게 가르치기를 좋아하고 신하에게서 가르침을 받는 것을 좋아하지 않기 때문이오. 탕은 이윤을, 환공은 관중을 감히 부르지 못했소. 관중조차도 함부로 부를 수 없는데, 하물며 관중 따위는 되려고 하지 않는 자를 부른단 말이오?"

注釋 장조(將朝)와 조조(造朝)의 조(朝)는 조정, 조정에 가다는 뜻이다. 한질(寒疾)은 감기가 들다, 몸살이 나다는 뜻이다. 풍(風)은 바람을 쐬다는 뜻이다. 불식(不識)은 어떨지 잘 모르겠다는 뜻을 담고 있다. 동곽씨(東郭氏)는 동곽아(東郭牙)이

며, 제나라의 대부다. 석자(昔者)는 화자가 말하는 때보다 이전을 가리키며, 시간적으로 멀든 가깝든 상관이 없이 쓰인다. 혹자(或者)는 의심을 나타내는 말이다. 맹중자(孟仲子)를 맹자의 종형제로 보는 경우도 있으나, 자세하지 않다. 채신지우(采薪之憂)는 자기에게 병이 있음을 대신하여 쓰는 말이다. "몸이 아파서 나무를 하지 못하는 것이 걱정이다" 또는 "나무를 하다가 몸살이 났다"는 뜻으로 풀이된다. 추(趨)는 빠르게 걷는 것이다. 요(要)는 기다리다, 막다는 뜻이다. 경추씨(景丑氏)는 누구인지 자세하지 않다. 주(主)는 주로 하다, 중시하다는 뜻이다. 오(惡)는 감탄사다. 낙(諾)은 천천히 대답하거나 공손하지 않게 대답하는 것이다. 사(俟)는 기다리다는 뜻이다. 가(駕)는 탈 것이 준비되다는 뜻이다. 불과(不果)는 생각하거나 기대했던 대로 일이 되지 않은 것을 이른다. 의(宜)는 태(殆)와 같으며, 아마도라는 뜻이다. 증자가 한 말과 비슷한 것이 『여씨춘추(呂氏春秋)』「개춘론(開春論)」의 〈기현(期賢)〉에 나온다. "위문후(魏文侯)가 단간목(段干木)의 동네 앞에 있는 문을 지나면서 마차 앞의 난간목을 잡고 예의를 갖추었

더니, 그의 어자(御者)가 '주군께서는 어째서 마차에서 하는 의례를 하십니까?' 하고 물었다. 위문후가 말하기를 '여기는 단간목 동네의 문이 아닌가? 단간목은 현자일진대 내가 어떻게 감히 예의를 안 갖추겠는가? 또 내가 듣기로 단간목은 일찍이 자신의 자리를 과인의 자리와도 바꾸고 싶어 하지 않았다는데, 내가 어떻게 감히 교만하겠는가? 단간목은 덕이 융성하고 과인은 영토가 융성하며, 단간목은 도의가 융성하고 과인은 재화가 융성할 뿐인데'라고 말했다." 겸(慊)은 거리낌이 없고 떳떳하다는 뜻이다. 작(爵)은 벼슬이고, 치(齒)는 나이를 뜻한다. 보(輔)는 돕다, 지키다는 뜻이다. 만(慢)은 업신여기다, 소홀히 하다는 뜻이다. 불소(不召)는 함부로 부르지 않는다는 말맛이 있다. 추(醜)는 같다는 뜻이다. 상(尙)은 낫다는 뜻이다.

蛇足 아무리 현자라도 선비가 군주에 맞서는 것을 상앙은 경계했다. 아니, 군주의 자리가 위태로워지고 나라가 어지러워질 수 있다고 했다. 군주의 권력과 위세가 통하지 않기 때문이고, 그렇

게 되면 백성들을 농전에 부릴 수 없어 그 나라는 반드시 가난해지고 쇠약해진다고 보았기 때문이다. 그러나 전국시대는 선비들의 시대였다. 상앙처럼 철저하게 군주를 보좌해야 한다는 입장을 견지한 선비도 있었고, 오로지 자신의 영달을 위해서 제후들 사이를 오가며 계책을 내놓던 선비도 있었고, 덕과 지혜로써 올바른 정치, 어진 정치를 주장한 선비도 있었으며, 난세에는 나서지 않는 것이 최선임을 알고 조용히 물러나 살던 선비들도 있었다. 아무튼 전례없이 선비들이 대접받을 수 있었던 시대였으므로 맹자처럼 군주를 대하는 인물도 반드시 있었으리라 여겨지는데, 『전국책』 「제책」에는 맹자보다 더하다고 할 만한 인물의 이야기가 나온다.

역시 제나라 선왕 때 일이다. 선왕이 안촉(顔斶)이라는 인물을 접견하면서 이렇게 말했다.

"촉은 앞으로 나오시오."

이에 안촉도 말했다.

"왕께서 앞으로 나오십시오."

선왕이 불쾌한 낯빛을 하자, 좌우에서 안촉에게 말했다.

"왕은 군주고, 그대는 신하요. 왕께서 그대에게 나아오라고 하는데, 그대 또한 왕께서 나아오시라 하니, 이게 될 일이오?"

안촉이 대꾸했다.

"내가 앞으로 나아가면 권세에 아부하는 자가 되지만, 왕께서 앞으로 나아오면 선비를 떠받드는 일이 되오. 나를 권세에 아부하는 자로 만들기보다는 왕을 선비를 떠받드는 분으로 만드는 것이 낫소."

그래도 선왕은 분한 마음에 낯빛을 바꾸며 말했다.

"왕이 귀하오, 선비가 귀하오?"

"당연이 선비가 귀하고, 왕은 귀하지 않습니다."

"그 까닭을 설명해줄 수 있소?"

"물론입니다. 옛날에 진나라가 제나라를 공격하면서 '유하계(柳下季)의 무덤 50보 안에서 땔나무를 하는 자는 사형에 처하고 용서하지 말라'는 명령을 내렸고, 또 '제나라 왕의 목을 베는 자는 1만 호의 식읍에 봉하고 금 1천 일(鎰)을 하사하겠다'는 명령을 내렸습니다. 이로써 보건대 살아 있는 왕의 머리는 죽은 선비의 무덤만도 못하다는 것을 알 수 있습니다."

선왕은 아무런 말이 없이 불쾌한 표정을 지었다.

여기서 유하계는 노나라의 현자인 전금(展禽)으로 『맹자』에서는 유하혜로 나온다. 실로 현자는 신분에 상관없이 대접을 받아야 한다는 것을 안촉은 목숨을 걸고서 보여주었다. 위의 문답에 이어 안촉은 역사적 사실들을 바탕으로 성군들에게는 반드시 함부로 대할 수 없는 선비가 있었음을 논하여 선왕을 설득했고, 선왕도 스스로 잘못을 인정했다.

그러나 선비라고 해서 누구나 대접받아야 하는 것도 아니고, 또 대접받을 만한 선비가 그리 흔한 것도 아니다. 오늘날 대학은 그와 같은 선비를 기르는 곳인데, 과연 지금 그런 당당하고 거침없는 선비를 키우고 있는가? 아니, 스스로 그런 선비라고 자부할 수 있는 자가 대학교수들 가운데 몇이나 될까?

4.3

陳臻問曰: "前日於齊, 王餽兼金一百而不受; 於宋, 餽七十鎰而受; 於薛, 餽五十鎰而受. 前日之不受是, 則今日之受非也; 今日之受是, 則前日之不受非也. 夫子必居一於此矣."

孟子曰: "皆是也. 當在宋也, 予將有遠行, 行者必以贐, 辭曰'餽贐.' 予何爲不受? 當在薛也, 予有戒心, 辭曰'聞戒, 故爲兵餽之.' 予何爲不受? 若於齊, 則未有處也. 無處而餽之, 是貨之也. 焉有君子而可以貨取乎?"

진진(陳臻)이 물었다.

"지난날에 제나라에서 왕이 은 100일(鎰)을 보냈을 때는 받지 않으셨는데, 송나라에서는 70일을 보냈음에도 받으셨고, 설(薛) 땅에서는 50일을 보냈는데 받으셨습니다. 지난날에 받지 않은 것이 옳다면, 오늘 받으신 것은 잘못입니다. 오늘 받은 것이 옳다면, 지난날에 받지 않은 것이 잘못입니다. 선생님께서는 반드시 이 허물 가운데 있으십니다."

맹자가 대답했다.

"모두 옳았다. 송나라에 있을 때 나는 먼 길을 가려 했는데, 떠나는 자는 반드시 노자가 있어야 한다. 그래서 '노자를 보냅니다'라고 하면서 주는데, 어찌 내가 받지 않겠느냐? 설 땅에 있을 때 나는 경계하는 마음이 있었는데, 왕이 '경계한다고 들었소. 그래서 병장기를 마련하라고 보내오'라고 하면서 주는데, 내가 어찌 받지 않겠느냐? 그러나 제나라에서는 받을 만한 이유가 없었다. 아무런 이유도 없이 주는 것은 뇌물을 주는 것이다. 어찌 군자가 되어서 뇌물을 받을 수 있겠느냐?"

注釋 진진(陳臻)은 맹자의 제자다. 궤(餽)는 보내다는 뜻이다. 겸금(兼金)은 좋은 금을 뜻하는데, 다른 금보다 값이 갑절이나 나가는 금이다. 고대에는 오늘날 구분하는 금과 은과 동을 모두 금이라 했는데, 여기서 말하는 겸금은 은을 가리킨다. 일(鎰)은 20냥 또는 24냥에 해당한다. 설(薛)은 춘추시대 때에는 나라였으나, 이때는 제나라에 이미 망한 상태였다. 『전국책』「제책(齊策)」에서는 제나라 정곽군(靖郭君) 전영(田嬰)이 하사받은 봉읍(封

邑)으로 나오는데, 그 땅으로 여겨진다. 신(贐)은 길 떠나는 사람에게 주는 노자나 예물이다. 계심(戒心)은 미리 조심하여 대비하는 마음인데, 아마도 이때 누군가가 맹자를 해치려는 일이 있었거나 지나는 길에 도적들이 있었던 모양이다. 미유처(未有處)는 예물을 받을 합당한 이유가 없다는 뜻이다. 화(貨)는 뇌물로 준 재물, 뇌물을 주다는 뜻으로 쓰였다.

蛇足 선물이냐 뇌물이냐는 상황에 따라 달라질 수 있음을 말했는데, 맹자는 객(客)의 처지였으므로 상황 판단만으로도 충분했다. 만약 맹자가 관리의 신분이었다면, 또 다르다. 그때는 상대의 의도가 무엇이냐가 더욱 중요해진다. 미국의 공직자 윤리 규정에서는 공무원이 선물을 받으면 반드시 신고를 해야 하고, 그 자신뿐만 아니라 가족을 포함해서 한 번에 20달러(한화 11,000원), 1년에 50달러(한화 55,000원)를 넘을 수 없다고 되어 있다. 매우 합리적인 규정이다.

선물은 모름지기 적정선을 유지해야 한다. 그 선을 넘으면, 그 의도를 의심하지 않을 수 없다.

더구나 공직에 있는 사람에게 선물을 하면서 적정선을 넘는다면, 누구라도 의심을 할 수밖에 없다. "오얏나무 아래서는 갓끈을 고치지 않고, 외밭에서는 신들메를 고치지 않는다"는 우리 속담처럼 선비라면 의심받을 행동을 해서는 안 된다. 그런데 맹자는 상황에 따라 알맞게 처신했지만, 제자인 진진조차 의심하고 심지어 잘못했다고까지 따지고 들었다. 하물며 맹자에 미치지 못하는 자라면 얼마나 의심을 사겠는가? 세상에는 나를 바로 알거나 알아주는 이가 드물다. 가까운 사이라고 해서 나를 잘 아는 것도 아니다. 그러니 어찌 삼가지 않을 수 있겠는가?

4.4

孟子之平陸, 謂其大夫曰: "子之持戟之士, 一日而三失伍, 則去之否乎?"

曰: "不待三."

"然則子之失伍也亦多矣. 凶年饑歲, 子之民, 老羸轉於溝壑, 壯者散而之四方者, 幾千人矣."

曰: "此非距心之所得爲也."

曰: “今有受人之牛羊而爲之牧之者, 則必爲之求牧與芻矣. 求牧與芻而不得, 則反諸其人乎? 抑亦立而視其死與?”

曰: “此則距心之罪也.”

他日, 見於王曰: “王之爲都者, 臣知五人焉. 知其罪者, 惟孔距心.” 爲王誦之.

王曰: “此則寡人之罪也.”

맹자가 평륙(平陸)에 갔을 때, 그곳의 대부에게 물었다.

“그대에게 창을 든 병사가 있는데, 하루에 세 번 대오를 벗어난다면 그를 내치시겠소?”

그가 대답했다.

“세 번까지 기다리지 않습니다.”

“그렇다면 그대가 대오를 벗어난 일 또한 많소. 흉년이 들어 굶주릴 때에 그대의 백성 가운데 늙고 야윈 자들은 도랑이나 골짜기에서 뒹굴고, 건장한 자들은 사방으로 흩어져 떠나버리는데, 그 수가 수천 명이오.”

“그것은 이 거심(距心)이 어찌할 수 있는 게 아니었습니다.”

"오늘 남의 소와 양을 맡아서 대신 기르는 자가 있다고 한다면, 그는 반드시 그 일을 위해 목초지를 찾아서 꼴을 주어야 할 것이오. 목초지를 찾아서 꼴을 줄 수가 없다면, 다시 그 주인에게 소와 양을 돌려주어야 하오? 아니면 죽어가는 것을 가만히 서서 보고만 있어야 하오?"

"그것은 이 거심의 죄입니다."

며칠이 지나 왕을 만났을 때 말했다.

"왕의 수령들 가운데서 신은 다섯 명을 알고 있습니다. 그 가운데서 자신의 죄를 아는 자는 오로지 공거심(孔距心)뿐입니다."

그리고는 왕에게 앞서 있었던 일을 들려주었다. 왕이 말했다.

"그것은 과인의 죄요."

注釋 평륙(平陸)은 제나라 변경의 읍으로, 지금의 산동 문상현(汶上縣) 북쪽에 있었다. 대부(大夫)는 본래 제후와 혈연 관계에 있던 귀족들에 대한 칭호였으나, 전국 시대에는 읍을 다스리는 수령을 일컫는 말로도 쓰였다. 극(戟)은 창의 일종으

로, 끝이 두 갈래로 갈라진 것이다. 오(伍)는 다섯 사람을 한 조로 하는 군대의 편제상 단위 또는 다섯 호를 한 반(班)으로 하는 행정상의 단위다. 여기서는 전자의 의미로 쓰였다. 따라서 실오(失伍)는 대열(隊列)이나 대오(隊伍)에서 이탈한 것을 이른다. 거(去)는 내쫓다, 내치다는 뜻이다. 기(饑)는 굶주리다는 뜻이다. 리(羸)는 파리하다, 여위다는 뜻이다. 구학(溝壑)은 도랑과 골짜기다. 거심(距心)은 평륙 대부의 이름이다. 목(牧)은 목지(牧地) 곧 소나 양을 칠 수 있는 곳이다. 추(芻)는 꼴, 꼴을 먹이다는 뜻이다. 저(諸)는 지어(之於)와 같다. 억(抑)은 또는, 아니면의 뜻이다. 도(都)는 본래 군주가 머물며 종묘가 있는 곳을 가리키지만, 여기서는 큰 읍을 뜻한다. 송(誦)은 알고 있거나 외고 있던 것을 다시 말하다는 뜻이다.

蛇足 맹자가 목도한 평륙의 상황은 매우 심각하다. 그의 말대로 굶주려 죽거나 떠나버린 자가 수천 명이라면 이미 그 땅은 폐허나 다름이 없다. 그럼에도 대부랍시고 버젓하게 앉아 있었으니, 비록 맹자와 나눈 문답 끝에 "나의 죄요"라고 했어

도 과연 그 죄를 깊이 느끼고 인정했을지는 의문이다. 자신의 죄임을 인정한 왕에게서도 진심을 느끼기 어려운 것은 마찬가지다. 왜 이런 지경에 이르렀을까? 맹자가 주장하는 왕도는커녕 패도조차 실행되지 않았음을 의미한다.

"군주가 명령을 엄격하게 집행하면 정무처리가 지연되지 않고, 법이 공평하면 관리들이 간사한 짓을 하지 못한다. 법이 제정된 뒤에는 듣기 좋은 말로 법을 해치지 않는다. 공적이 있는 사람을 임용하면 백성들 사이에서 말이 적어지고, 듣기 좋은 말만 하는 자를 임용하면 백성들 사이에서 말이 많아진다."(『상군서』「근령(靳令)」)

상앙의 말대로라면 평륙의 상황은 군주의 명령이 집행되지 않고 법 또한 공평하게 시행되지 않은 후과라고 볼 수 있다. 이미 끔찍한 상황이 벌어졌음에도 맹자의 다그침을 받고서야 비로소 죄를 인정한 거심은 고작해야 듣기 좋은 말만 하는 자에 지나지 않는다. 물론 그 모든 책임은 결국 군주에게 돌아간다. 흉년에 백성들이 굶어 죽고 흩어지는데도 그 실상을 파악하지 못한 것도 군주요, 그런 상황을 보고하고 적절하게 대처해야 할 인물을 뽑지 못한 것도 군주다. 그런 군주 밑에 있는 백성들이라면 말을 많이 하는 데서 그치지 않는다. 입으로는 군신들에 대한 원성을 쏟아낼 것이요, 속으로는 군신들을 원수처럼 여길 것이다.

그런데 맹자는 무얼 하자고 거심을 다그쳤고 또 그걸 왕에게 말했는가? 그들이 참회하기를 바랐던 것인가? "나의 죄요"라고 한 그 말을 믿었을까? 당시 사람들이나 후대 사람들이 볼 때는 참 쓸데없고 부질없는 짓을 한 것처럼 보일 수도 있다. 그러나 바로 이것이 유자들의 진면목이다. 정치란 결국 사람에게서 나오는 것이므로 그 사람이 달라져야 한다. 하지만 사람은 쉽게 달라지지 않는다. 법령을 바로 세우고 형벌을 엄격하게 집행하면 당장에 효과는 있을 수 있지만, 군신들이 바르지 않으면 결코 오래가지 못한다. 그래서 맹자는 단박에 무얼 하려고 하지 않았다. 정치를 맡은 자들이 각성하도록 이끄는, 더디고 지루한 길을 선택한 것이다. 그것이 문제를 근본적으로 해결할 수 있는 길이라고 믿었던 것이다.

4.5

孟子謂蚳鼃曰: "子之辭靈丘而請士師, 似也. 爲其可以言也. 今旣數月矣, 未可以言與?"
蚳鼃諫於王而不用, 致爲臣而去.
齊人曰: "所以爲蚳鼃則善矣. 所以自爲, 則吾不知也."
公都子以告.
曰: "吾聞之也. 有官守者, 不得其職則去; 有言責者, 不得其言則去. 我無官守, 我無言責也, 則吾進退, 豈不綽綽然有餘裕哉!"

맹자가 지와(蚳鼃)에게 말했다.
"그대가 영구(靈丘)의 수령을 그만두고 법관이 되겠다고 한 것은 그럴듯했소. 왕에게 말을 할 수 있기 때문이오. 그런데 이제 여러 달이 지났는데, 아직도 말할 기회가 없었소?"
이에 지와는 왕에게 간언했고, 받아들여지지 않자 신하 노릇을 그만두고 떠났다.
제나라 사람 가운데 누가 말했다.
"지와를 위해서 그렇게 말한 것은 좋은 일이다. 하지만 맹자가 스스로 하지 않은 까닭을 나로서는 알 수가 없다."

공도자(公都子)가 맹자에게 이 말을 전하니, 맹자가 말했다.

"내 들은 적이 있다. 벼슬을 맡은 자가 제 직분을 다하지 못하면 떠나고, 언론의 책임을 맡은 자가 할 말을 하지 못하면 떠난다고 했다. 그런데 나는 맡은 벼슬이 없고 또 언론을 책임지지도 않았으니, 내가 나아가고 물러남에 있어 어찌 너그럽고 느긋하지 않겠는가!"

注釋 지와(蚳鼃)는 제나라의 대부다. 와(鼃)는 와(蛙)와 같다. 영구(靈丘)는 제나라 변경의 읍이다. 사사(士師)는 형벌을 맡거나 옥관(獄官)을 다스리는 벼슬이다. 사(似)는 그럴듯하다는 뜻이다. 불용(不用)은 간언이 받아들여지지 않은 것을 뜻한다. 치(致)는 벼슬을 그만두다는 뜻이다. 예부터 임금에게 세 번을 간언하여 받아들여지지 않으면 떠나는 것이 신하의 예의였다. 공도자(公都子)는 맹자의 제자다. 작작연(綽綽然)은 말이나 짓이 너그럽거나 느긋한 모양이다.

蛇足 법가에서 관리는 철저하게 군주의 명령을 받아 집행하는 존재다. 군주의 정령을 백성 사이에 통용되도록 하는 중간 관리자에 불과하며, 그가 주체적으로 할 수 있는 일은 없다. 그렇게 되도록 군주는 관리들을 철저하게 견제하고 통제한다. 자칫 신권(臣權)이 커지면 군권(君權)을 위협할 수 있으며 나라를 혼란에 빠뜨리고 백성들의 삶을 위태롭게 만든다고 보았기 때문이다. 반면, 유가에서는 관리의 주체적이고 자발적인 참여를 중시한다. 군주의 명령을 맹목적으로 따르는 자가 아니라, 국사를 스스로 판단하고 처리하도록 위임을 받은 자다. 그만큼 권한도 커지만 책무 또한 막중하다. 맹자가 지와를 다그친 것도 이 때문이다.

그리고 맹자가 말하고자 한 뜻은 일을 맡았으면 제대로 하라는 것이다. 하려고 해도 할 수 없는 상황이라면 또 물러나는 것이 마땅하다는 것이다. 일을 할 수 없는데 자리를 지키고 있는 것은 그저 녹봉을 축내려는 수작에 지나지 않기 때문이다. 맹자 자신은 제 뜻대로 일을 할 수 없다고 여겨서 벼슬을 맡지 않았으니, 그렇게 말해도 허물이 될 게 없다. 그럼에도 제나라 사람들은 맹자를 비난했는데, 이는 누워서 침 뱉기다. 도대체 맹자가 제나라를 위해 해야 할 의무가 무엇인가? 만약 의무가 있다면, 제나라 사람들 자신들에게 있다. 그럼에도 다른 나라에서 온 선비에게 자신들이 할 일을 해주지 않는다고 비난하니, 적반하장도 이만저만한 게 아닌 셈이다. 대체로 그게 소인들이나 어리석은 대중의 속성이기도 하다. 그런데 맹자의 대꾸가 참으로 절묘하지 않은가?
"나는 백수다. 그러니 어찌 너그럽고 느긋하지 않겠는가!"

4.6

孟子爲卿於齊, 出弔於滕. 王使蓋大夫王驩爲輔行. 王驩朝暮見, 反齊滕之路, 未嘗與之言行事也.
公孫丑曰: "齊卿之位, 不爲小矣; 齊滕之路, 不爲近矣. 反之而未嘗與言行事, 何也?"
曰: "夫旣或治之, 予何言哉?"

맹자가 제나라에서 경(卿)의 벼슬을 할 때,

등(滕)나라에 조문을 가게 되었다. 왕은 개(蓋) 땅의 대부인 왕환(王驩)을 부사(副使)로 삼아 따라가게 했다. 왕환은 아침저녁으로 맹자를 뵈었는데, 맹자는 제나라에서 등나라에 갔다가 오는 내내 그와 더불어 맡은 일에 대해서 말을 나눈 적이 없었다. 이에 공손추가 물었다.

"제나라의 경이라는 지위는 낮은 것이 아니고, 제나라와 등나라를 오가는 길도 가깝지 않습니다. 그런데 갔다가 오는 내내 맡은 일에 대해서 그와 말을 나누신 적이 없으니, 어찌된 까닭입니까?"

맹자가 대답했다.

"그 사람이 이미 잘 해내고 있는데, 내가 무슨 말을 하겠느냐?"

注釋 개(蓋)는 제나라의 읍이다. 산동 기수현(沂水縣) 서북쪽 80리 즈음이 그 옛 터다. 보행(輔行)은 부사(副使)로 따라가는 일이다. 부기(夫旣)의 부(夫)는 피(彼)와 같으며, 그 사람을 뜻한다.

蛇足 맹자는 비록 자신이 뽑아서 데리고 간 인물이 아닐지라도 그 사람이 맡은 일을 제대로 하고 있기에 아무런 참견도 하지 않고 일에 대해서도 언급하지 않았다. 이는 당연한 일이지만, 이 당연한 일을 태연하게 할 수 있는 윗사람은 의외로 많지 않다. 아랫사람이 제대로 하고 있으면 그 공을 자신이 차지하고 싶어서 끼어들다가 또 제대로 하지 못하면 책임을 면하려고 미리 야단을 치는 속물 상사가 얼마나 많은가!

그런데 맹자가 제나라 왕의 명을 받아 왕환과 함께 공무를 맡기는 했지만, 왕환과 사이는 그렇게 좋은 게 아니었다. 8.27에도 두 사람의 이야기가 나오는데, 거기서 왕환은 조문을 갔다가 남들은 다 자신에게 인사하는데 맹자만 아는 체하지 않는다고 볼멘소리를 했다. 이에 대해 맹자는 예법을 운운하면서 대꾸했는데, 아마도 이때는 맹자가 벼슬이 없었거나 왕환보다 낮았을 때로 여겨진다. 그런 전례가 있음에도 왕환에 대해 일을 잘해내고 있다고 했으니, 이는 물론 공무와 관련된 것이지만 사사로운 마음으로 대하지 않았음을 의미한다. 또 윗사람들이 아랫사람을 대할 때 흔히 저지르는 공과 사를 혼동하는 일을 하지 않고, 또 개인적인 감정으로 그 사람의 능력까지 폄하하는 것에 이르지 않았으니, 맹자는 현명했다고 할 수 있다.

4.7

孟子自齊葬於魯, 反於齊, 止於嬴.
充虞請曰: "前日不知虞之不肖, 使虞敦匠. 事嚴, 虞不敢請. 今願竊有請也. 木若以美然."
曰: "古者棺槨無度, 中古棺七寸, 槨稱之. 自天子達於庶人, 非直爲觀美也, 然後盡於人心. 不得, 不可以爲悅; 無財, 不可以爲悅. 得之爲有財, 古之人皆用之, 吾何爲獨不然? 且比化者無使土親膚, 於人心獨無恔乎? 吾聞之也, 君子不以天下儉其親."

맹자가 제나라에서 노나라로 가 모친의 장례를 치르고 다시 제나라로 돌아오다가 영(嬴) 땅에 머물었을 때다. 충우(充虞)가 물었다.
"전날에는 제가 어리석은 줄을 모르시고 저에게 관 짜는 일을 맡기셨습니다. 그때는 일이

급하여 제가 감히 여쭙지 못했는데, 이제 틈을 엿보아서 이렇게 여쭙습니다. 관에 쓴 나무가 지나치게 아름다웠습니다."

맹자가 대답했다.

"옛날에는 관과 덧널을 짜는 법도가 정해져 있지 않았는데, 그리 오래지 않은 옛날에는 관이 일곱 치였고 덧널은 거기에 걸맞게 했다. 이는 천자로부터 저 아랫사람들에 이르기까지 공통된 것으로, 그저 보기에 아름답게 하기 위해서가 아니라 그렇게 한 뒤에야 마음을 다했다고 여겼기 때문이다. 예법대로 하지 못하면 기쁠 수가 없고, 재물이 없으면 역시 기쁠 수가 없다. 예법도 있고 또 재물도 있으면 옛사람들 모두 그렇게 했는데, 내 어찌 홀로 그렇게 하지 않겠느냐? 또 죽은 이를 위해 흙이 그 살갗에 닿지 않도록 한다면, 마음에 어찌 시원함이 없겠느냐? 내 들었다, 군자는 세상 사람들의 이목 때문에 제 어버이에게 아끼는 짓을 하지 않는다는 말을."

注釋 『열녀전』을 보면, 맹자가 제나라에서 벼

슬을 할 때 그 모친도 함께 간 것으로 나온다. 아마도 모친이 세상을 떠나자 모친의 관을 노나라로 옮겨서 장례를 치른 것으로 여겨진다. 영(嬴)은 지금의 내무현(萊蕪縣) 서북쪽 40리 즈음에 그 성터가 남아 있다. 충우(充虞)는 맹자의 제자다. 불초(不肖)는 모자라다, 어리석다는 뜻이다. 돈(敦)은 치(治)와 같은 뜻으로, 일을 맡다, 다스리다는 뜻이다. 엄(嚴)은 급(急)과 같은 뜻으로, 바쁘다, 틈이 없다는 뜻이다. 약이(若以)의 이(以)는 태(太)와 같으며, 너무, 지나치게라는 뜻으로 쓰였다. 중고(中古)는 주공(周公)이 예제(禮制)를 마련한 이후를 이르는 것으로, 말하자면 주 왕조가 들어선 이후를 가리킨다. 부득(不得)은 예법으로 하지 못하는 일을 뜻한다. 득지위유재(得之爲有財)의 위(爲)는 여(與)와 같이 쓰였다. 비(比)는 위(爲)와 같다. 화(化)는 사(死)와 같다. 교(恔)는 쾌(快)와 같다. 검(儉)은 적게 쓰다는 뜻이다.

蛇足 맹자는 부친상을 먼저 당했다. 그때는 벼슬이 없고 가난해서 관과 덧널을 좋은 것으로 쓰지 못했다. 그러다 모친상을 당했을 때는 제나라

에서 벼슬을 하고 있었으니, 당연히 좋은 재목으로 관과 덧널을 짰던 것이다. 그런데 그게 제자 충우가 볼 때는 너무 과해서 예의에 어긋난 것으로 보였던 모양이다. 이는 예의를 정해진 형식을 잘 지키는 것으로 여겼음을 의미한다. 그러나 예의란 상황에 알맞게 하는 것을 본질로 한다. 그래서 가난하냐 가멸지냐에 따라 관을 쓰는 재목이 다를 수밖에 없다. 맹자는 자신의 처지에 따라 재목을 골랐는데, 이를 충우가 미처 알아채지 못했던 것이다.

예의에는 형식 못지않게 내용도 중요하다는 사실을 사람들은 곧잘 잊는다. 그리고 형식은 내용을 따른다는 것을 더욱 모른다. 오늘날 대부분 사람들이 예의를 번다하게 여기는 까닭은 형식을 지나치게 중시하기 때문이다. 그렇다면, 내용이란 무엇인가? 그건 그 사람의 마음이다. 공자가 "사람이 되어서 어질지 못한데, 예의는 차려서 무엇하겠는가?"라고 말한 적이 있다. 그렇듯이 어진 마음, 최소한 참된 마음을 지니는 것이 전제되어야 한다. 맹자에게 그 마음은 곧 자식으로서 어버이를 잘 보내드리고 싶은 마음이었다. 그렇지만 처지에 따라 달리할 수밖에 없었다. 모친상을 치르면서 그 관과 덧널을 아름답게 한 것은 부친상 때 해드리지 못한 것에 대한 보상적 심리도 작용하지 않았을까 한다. 무엇보다도 자신의 감정을 숨기지 않고 남의 이목과 상관없이 스스로 상황에 알맞다고 여겨서 한 행동에 대해 떳떳했던 맹자에게서 유가의 참모습이 무엇인지를 볼 필요가 있다.

덧붙이자면, 맹자가 말한 "세상 사람들의 이목"은 상앙이나 묵자처럼 유가의 예악을 신랄하게 비판했던 이들을 가리킨다. 상앙은 "예의와 음악은 음란과 방탕을 초래한다"(『상군서』「설민」)고 했고, 묵자는 「절장(節葬)」편을 지어 유가의 장례와 상례(喪禮)는 국가와 사회의 재물을 크게 낭비하고 사람들의 생활과 건강을 해친다고 했다. 예의의 본질을 망각하고 형식만을 고집하면 이런 비판을 면치 못한다.

4.8

沈同以其私問曰: “燕可伐與?”

孟子曰: “可. 子噲不得與人燕, 子之不得受燕於子噲. 有仕於此, 而子悅之, 不告於王而私與之吾子之祿爵, 夫士也亦無王命而私受之於子, 則可乎? 何以異於是?”

齊人伐燕. 或問曰: “勸齊伐燕, 有諸?”

曰: “未也. 沈同問, ‘燕可伐與,’ 吾應之曰, ‘可,’ 彼然而伐之也. 彼如曰, ‘孰可以伐之?’ 則將應之曰, ‘爲天吏則可以伐之.’ 今有殺人者, 或問之曰, ‘人可殺與?’ 則將應之曰, ‘可.’ 彼如曰, ‘孰可以殺之?’ 則將應之曰, ‘爲士師則可以殺之.’ 今以燕伐燕, 何爲勸之哉?”

심동(沈同)이 사사로이 물었다.

“연나라를 쳐도 되겠습니까?”

맹자가 대답했다.

“된다. 그런데 자쾌(子噲)도 남에게 연나라를 줄 수 없고, 자지(子之)도 자쾌에게서 연나라를 받을 수 없다. 여기에 어떤 벼슬아치가 있는데, 그대가 그를 좋아하여 왕에게 알리지도 않고 사사로이 그대의 녹봉과 작위를 그에게 넘겨주거나 또 그 하급관리라는 자가 왕명이 없음에도 사사로이 그대에게서 그 녹봉과 작위를 넘겨받는다면, 되겠는가? 저 연나라를 치는 일이 이것과 무엇이 다르겠는가?"

제나라가 연나라를 쳤다. 어떤 이가 물었다.

"제나라가 연나라를 치도록 권하셨다는데, 그런 일이 있습니까?"

맹자가 대답했다.

"그런 적 없네. 심동이 '연나라를 쳐도 되겠느냐'고 묻기에, 내가 '된다'고 대답했다. 그런데 그가 '옳다구나' 하고 연나라를 친 것이지. 그가 만일 '누가 연나라를 칠 수 있겠습니까?' 하고 물었다면, 나는 '하늘이 내린 관리라면 연나라를 칠 수 있다'고 대답했을 것이네. 이제 사람을 죽인 자가 있어서, 누군가가 '그 사람을 죽여도 됩니까?' 하고 묻는다면, 나는 '된다'고 대답할 것이네. 그가 만일 '누가 그 사람을 죽일 수 있습니까?' 하고 묻는다면, '법관이라면 그 사람을 죽일 수 있다'고 대답할 것이네. 그런데 지금 연나라나 마찬가지인 제나라가 연나라를 친다는데, 어찌 그걸 권하겠는가?"

注釋 심동(沈同)은 누구인지 자세히 알 수는 없으나, 문답의 내용을 보면 제나라의 대신이었던 것으로 여겨진다. 제나라가 연나라를 친 일에 대해서는 「양혜왕 하」 2.10과 2.11에 이미 나오고, 바로 이어지는 4.9에서도 이 일과 관련된 내용이 나온다. 자쾌(子噲)는 연왕(燕王) 쾌(噲, 기원전 320~314년 재위)이며, 연역왕(燕易王)의 아들이다. 자지(子之)는 연왕 쾌가 총애하던 재상이었다. 연왕 쾌는 소진(蘇秦)의 아우인 소대(蘇代)의 꾀임에 넘어가서 태자인 평(平)을 폐하고 자지에게 선양했다. 요가 순에게 선양한 것을 흉내낸 것이다. 그런데 백성들은 자지를 지지하지 않았기 때문에 연나라는 크게 어지러워졌다. 그 틈을 타서 제나라가 연나라를 치고 연왕 쾌와 자지를 죽였다. 쾌는 선양했기 때문에 시호가 없다. 2년 후, 태자 평이 즉위했으니, 소왕(昭王, 기원전 312~279 재위)이다. 여기서 맹자는 민심을 얻지 않고서는 왕위를 물려주거나 물려받는 일은 정당화되지 않음을 말하

려 했다. 이는 요 임금이 순에게, 순 임금이 우에게 선양한 전례에서 이미 알 수 있는 일이다. 쾌는 하나만 알고 둘은 몰랐던 것이다. 사(仕)는 벼슬아치를 뜻한다. 천리(天吏)는 하늘의 뜻을 받은 관리를 뜻하는데, 여기서는 인의를 행하고 사람 살리기를 좋아하는 이를 가리킨다. 사사(士師)는 관리들의 우두머리 또는 법을 집행하는 사법관이나 재판관을 뜻한다.

蛇足 흔히 사람들은 자신이 듣고 싶은 것만 들으려는 병증이 있다. 제나라가 연나라를 쳐도 되겠느냐고 물은 심동도 그런 병증을 가진 자다. 그리고 애초부터 연나라를 치려는 생각을 강하게 갖고 있었던 자다. 그걸 맹자라는 현자에게서 확증을 받고 싶었던 것인데, 맹자의 첫 마디가 "된다"였으니 옳다구나 했으리라. 뒤이어 맹자가 한 말은 듣지도 않았을 게 뻔하다. 이런 자에게 에둘러서 대답을 한 맹자도 제나라가 연나라를 치도록 부추긴 것이나 다름이 없다. 맹자 자신이야 "그가 만일 '누가 연나라를 칠 수 있겠습니까?' 하고 물었다면, 나는 '하늘이 내린 관리라면 연나라

를 칠 수 있다'고 대답했을 것이네"라고 말했지만, 뒤늦은 날명일 뿐이다. 진작 심동이라는 자의 사람됨을 알아채고 "하늘이 내린 관리라면 연나라를 칠 수 있다. 그러나 제나라는 하늘이 내린 관리가 아니다"라고 했어야 옳다. 아마도 맹자는 자신을 찾아온 사람들이 자신을 잘 알고 있었으리라 여겼는지도 모른다. 그랬다면 그것도 오산이다. 하기야 『중용』에서도 "그 지극함에 이르러서는 성인이라 할지라도 알지 못하는 게 있다"고 했는데, 어찌 맹자가 모든 것을 알겠는가?

4.9

燕人畔, 王曰: "吾甚慙於孟子!"
陳賈曰: "王無患焉. 王自以爲與周公, 孰仁且智?"
王曰: "惡, 是何言也!"
曰: "周公使管叔監殷, 管叔以殷畔. 知而使之, 是不仁也; 不知而使之, 是不智也. 仁智, 周公未之盡也, 而況於王乎? 賈請見而解之."
見孟子, 問曰: "周公何人也?"
曰: "古聖人也."

曰: "使管叔監殷, 管叔以殷畔也, 有諸?"
曰: "然."
曰: "周公知其將畔而使之與?"
曰: "不知也."
"然則聖人且有過與?"
曰: "周公, 弟也; 管叔, 兄也. 周公之過, 不亦宜乎? 且古之君子, 過則改之; 今之君子, 過則順之. 古之君子, 其過也如日月之食, 民皆見之, 及其更也, 民皆仰之. 今之君子, 豈徒順之, 又從爲之辭."

연나라 사람들이 대항하자, 왕이 말했다.
"맹자를 보기가 참으로 부끄럽다!"
진가(陳賈)가 말했다.
"왕께서는 걱정하지 마십시오. 왕께서는 스스로 주공(周公)과 견주었을 때, 누가 더 어질고 또 지혜롭다고 생각하십니까?"
왕이 대답했다.
"오, 이 무슨 말이오!"
"주공은 관숙(管叔)을 시켜 은(殷)의 유민들을 살피게 했는데, 관숙은 은의 유민들을 거느려 반란을 일으켰습니다. 주공이 이를 알고서 관숙을 보냈다면, 이는 어질지 않은 것입니다. 모르고 보냈다면, 이는 지혜롭지 못한 것입니다. 어짊과 지혜로움은 주공조차 오롯하게 갖추지 못했는데, 하물며 왕께서이겠습니까? 제가 맹자를 만나 해명하겠습니다."

그리고는 맹자를 만나서 물었다.

"주공은 어떤 사람입니까?"

맹자가 대답했다.

"옛날의 성인이시오."

"관숙을 시켜 은의 유민들을 살피게 했는데, 관숙이 은의 유민들을 거느려 반란을 일으켰다고 합니다. 그렇습니까?"

"그렇소."

"주공은 관숙이 반란을 일으킬 줄을 알고서 보냈습니까?"

"그는 몰랐소."

"그렇다면 성인도 허물을 저지릅니까?"

"주공은 아우요, 관숙은 형이오. 그러니 주공의 허물은 당연한 게 아니겠소? 또 옛날의 군자는 허물이 있으면 곧바로 고쳤는데, 오늘의 군자는 허물이 있어도 그대로 밀고 나간다오.

옛날의 군자는 그 허물이 일식이나 월식과 같아서 백성들이 모두 보았고, 그가 고치게 되면 백성들은 모두 우러러보았소. 그런데 오늘날의 군자는 다만 그대로 밀고 나갈 뿐만 아니라 이에 더하여 그것에 대해 변명까지 하오."

注釋 반(畔)은 반대하다, 반기를 들다는 뜻이다. 참(慙)은 부끄러워하다, 부끄럽게 여기다는 뜻이다. 진가(陳賈)는 제나라의 대부다. 숙(孰)은 누구를 뜻한다. 관숙(管叔)은 이름이 선(鮮)이며 무왕의 아들이고 주공의 형이다. 무왕이 은나라의 주(紂)를 죽이고 천하를 평정한 다음에 공신들과 자신의 형제들을 제후로 봉했는데, 이때 선에게 관(管) 땅을 영지로 주었다. 그래서 관숙이라 부른다. 무왕이 죽은 뒤, 성왕(成王)은 어렸으므로 주공이 왕권을 대행했다. 관숙은 그것을 빌미로 삼아 반란을 일으켰으나, 실패하고 주공에게 죽임을 당했다. 군자(君子)는 지배층 또는 벼슬아치를 뜻한다. 일월지식(日月之食)의 식(食)은 식(蝕)과 같다. 따라서 일식(日蝕)과 월식(月蝕)을 뜻한다. 갱

(更)은 고치다는 뜻이다. 우(又)는 게다가, 더하여를 뜻한다.

蛇足 먼저 제나라 왕의 탄식을 통해 맹자가 연나라를 치는 문제에 반대했음을 알 수 있다. 그럼에도 밀어붙였다가 난관에 봉착했으니, 시쳇말로 쪽을 다 판 셈이다. 그래도 왕은 부끄러워할 줄을 알았는데, 신하라는 자는 도리어 부끄러워할 필요가 없다는 식으로 방패질을 했다. 이런 신하를 두었으니, 패착을 둔 것도 당연하다.

진가가 맹자를 찾아서 주공은 관숙이 반란을 일으킬 줄 알았느냐고 물었을 때 맹자는 "그는 몰랐소"라고 대답했는데, 이는 어쩌면 자신을 두고 한 말인지도 모른다. 성인도 허물을 저지르느냐는 데 대해서도 "주공의 허물은 당연하다"고 말했다. 앞서 말했듯이 성인이라고 모든 것을 알지는 못하며, 특히 피붙이와 관련된 일에서는 아끼고 믿는 마음이 앞서므로 더욱더 허물을 저지를 수 있다. 다만, 성인은 일이 그릇되지 않도록 미리 뒷단속을 해둔다는 데서 범부들과 다르다.

맹자가 말한 '오늘날의 군자'가 바로 상앙이 그

토록 배척했던 “『시(詩)』와 『서(書)』를 배우고 권세가를 추종하는 자”요 “공허한 언변을 일삼는 유자”다.

4.10

孟子致爲臣而歸. 王就見孟子, 曰: “前日願見而不可得, 得侍同朝, 甚喜. 今又棄寡人而歸, 不識可以繼此而得見乎?”
對曰: “不敢請耳, 固所願也.”
他日, 王謂時子曰: “我欲中國而授孟子室, 養弟子以萬鍾, 使諸大夫國人皆有所矜式. 子盍爲我言之?”
時子因陳子而以告孟子, 陳子以時子之言告孟子.
孟子曰: “然. 夫時子惡知其不可也? 如使予欲富, 辭十萬而受萬, 是爲欲富乎? 季孫曰, ‘異哉子叔疑! 使己爲政, 不用則亦已矣, 又使其子弟爲卿. 人亦孰不欲富貴, 而獨於富貴之中有私龍斷焉.’ 古之爲市也, 以其所有易其所無者, 有司者治之耳. 有賤丈夫焉, 必求龍斷而登之, 以左右望而罔市利. 人皆以爲賤, 故從而征之. 征商, 自此賤丈夫始矣.”

맹자가 벼슬살이를 그만두고 돌아가려 했다. 이에 왕이 맹자를 찾아가서 만나 말했다.

"지난날 만나기를 바랐으나 그렇게 하지 못했다가 모시고 조정에 함께 있을 수 있게 되어 아주 기뻤소. 그런데 이제 다시 과인을 버리고 돌아가려 하니, 이 뒤로도 계속하여 만날 수 있겠소?"

맹자가 대답했다.

"감히 청하지는 못하지만, 참으로 바라는 바입니다."

그 후 어느 날, 왕이 시자(時子)에게 말했다.

"나는 도성 안에 맹자를 위한 집을 마련해주고, 만종의 녹봉을 주어 제자들을 기르게 하여서 모든 대부들과 도성 사람들로 하여금 모두 삼가 본받게 하고자 한다. 그대가 나를 위해 맹자에게 말해주지 않겠는가?"

시자는 진자(陳子)를 통해서 맹자에게 말을 전했고, 진자는 시자의 말을 맹자에게 전했다. 이에 맹자가 말했다.

"그렇겠군. 저 시자가 어찌 그렇게 할 수 없다

는 것을 알겠는가. 가령 내가 부유해지고 싶었다고 하자. 십만 종의 녹봉을 사양하고 만 종의 녹봉을 받는다면, 이것이 과연 부유해지려는 것이겠는가? 계손(季孫)이 말하기를, '이상하구나, 자숙의(子叔疑)여! 임금이 자신을 부려서 정치를 하려다가 쓰지 않으면 그것으로 그만인데, 다시 제 자식과 아우들을 벼슬살이시키다니. 사람이라면 누군들 부귀해지고 싶지 않겠는가마는, 참으로 홀로 부귀 가운데 있으면서 사사로이 농단(龍斷)을 일삼는구나'라고 했다. 옛날에 저자라는 곳은 제가 가진 것을 가지고 제가 가지지 못한 것으로 바꾸는 곳이고, 담당 관리는 그걸 감독할 뿐이었다. 그런데 어떤 비루한 사내가 높직한 언덕을 찾아서 거기 올라가 좌우를 두루 살피고는 저자의 이익을 그물질하듯이 훑어서 가져갔다. 사람들이 모두 비루하게 여겼기 때문에 담당 관리가 그를 좇아가서 세금을 거두었다. 장사꾼에게 세금을 거두는 일은 바로 이 비루한 사내에게서 시작되었다."

注釋 치(致)는 벼슬을 그만다두는 뜻이다. 귀(歸)는 고향으로 돌아가다는 뜻이다. 취(就)는 나아가다는 뜻으로, 여기서는 왕이 맹자를 찾아간 일을 가리킨다. 불식(不識)은 ~할 수 있겠습니까라는 물음의 뜻으로 쓰였다. 계(繼)는 지금을 이어서, 앞으로도 계속을 뜻한다. 시자(時子)는 제나라의 신하다. 중국(中國)은 국중(國中)과 같으며, 국(國)은 도성(都城), 구체적으로는 임치성(臨淄城)을 가리킨다. 따라서 도성 안을 뜻한다. 종(鍾)은 도량형의 단위로, 당시 제나라의 도량형에서는 6석(石) 4두(斗)라 한다. 따라서 만 종은 6만 4천 석이다. 다만 그때와 지금의 도량형은 같지 않다. 또 이 정도의 녹봉이면 경(卿)이 1년 동안 받는 녹봉에 해당한다. 긍(矜)은 삼가다는 뜻이고, 식(式)은 본받다, 따르다는 뜻이다. 합(盍)은 반어적으로 의문을 표하는 것으로, 여기서는 ~해주지 않겠는가라는 뜻으로 쓰였다. 진자(陳子)는 맹자의 제자인 진진(陳臻)이다. 인(因)은 ~를 통해서라는 말맛을 담고 있다. 연(然)은 맞다, 옳다는 뜻이 아니라, 그럴 만하다는 말맛을 담고 있다. 오(惡)은 어찌, 어떻게라는 뜻이다. 십만(十萬)은 맹자가 제나라에

서 벼슬하면서 받은 녹봉을 이른다. 물론 정확한 것은 아니고 대략 그 정도라는 뜻이다. 계손(季孫)과 자숙의(子叔疑)는 누구인지 알 수 없다. 농단(龍斷)의 농(龍)은 농(壟)과 같으며, 농단은 가파른 언덕을 뜻한다. 장부(丈夫)는 성년이 된 남자를 가리킨다. 망(罔)은 그물질하다는 뜻이다. 정(征)은 구실을 거두다는 뜻이다.

蛇足 저 시자는 맹자가 왜 떠나려 했는지를 알지 못했다. 맹자는 제 뜻을 펼 수 없음을 알고 떠나려 했다. 벼슬이나 녹봉과 같은 처우의 문제가 아니었다는 말이다. 게다가 맹자는 객경(客卿)으로서 상당한 대우를 받았다. 그의 말을 통해 10만 종의 녹봉을 받았음을 알 수 있는데, 그것을 몰랐을 리 없는 시자가 맹자의 행보를 이해하지 못한 것은 그 자신이 그런 대인의 삶을 살려고 해본 적이 없어서다. 이는 왕도 마찬가지인데, 더욱 웃긴 것은 맹자의 주장을 받아들여 정치에 쓰려고는 하지 않으면서 또 맹자가 떠나는 것을 아까워한 점이다. 그저 사람을 좋아했을 뿐이니, 이는 한낱 필부의 심사에 지나지 않는다.

그런데 왜 갑자기 맹자는 '농단'을 꺼냈는가? 이는 지식인의 책임을 말하기 위해서다. 지식인이란 그가 가진 지식으로 말미암아 다른 이들보다 더 높은 관직을 얻고 더 많은 녹봉을 받을 수 있는 유리한 위치에 있다. 그러나 지식인은 높은 관직과 많은 녹봉을 자신의 목표로 삼아서는 안 된다. 자신의 지식으로 다른 이들과 백성들의 걱정거리를 없애주고 그들을 편안하게 해주어야 한다. 그가 지식을 얻는 과정 자체가 천하 사람들이 먹여주어서 가능했던 것이기 때문이다. 그럼에도 지식을 습득해서 높은 자리를 얻은 게 그게 오로지 자신이 잘나서 그런 줄로 안다면, 이는 큰 착각이다. 이런 착각에 사로잡혀서는 사사로이 이익을 챙기는 데에 여념이 없는 자, 그런 자가 바로 농단을 일삼는 자라고 한 것이다.

4.11

孟子去齊, 宿於晝. 有欲爲王留行者, 坐而言. 不應, 隱几而臥.

客不悅曰: "弟子齊宿而後敢言, 夫子臥而不聽. 請勿復敢見矣!"
曰: "坐! 我明語子. 昔者魯繆公無人乎子思之側, 則不能安子思; 泄柳申詳無人乎繆公之側, 則不能安其身. 子爲長者慮而不及子思. 子絶長者乎, 長者絶子乎?"

맹자는 제나라를 떠나 주(晝) 땅에서 묵었다. 왕을 위해 맹자를 머물러두게 하려는 자가 찾아와서 무릎을 꿇고 말했다. 맹자는 대꾸도 하지 않고 안석에 기대어 누워 있었다.
객이 탐탁치 않게 여기며 말했다.
"저는 밤새 재계한 뒤에 감히 말씀을 드리는데, 선생께서는 누워서 듣지 않고 계시는군요. 다시는 뵙지 않겠습니다!"
맹자가 말했다.
"앉게나! 내 자세하게 말해주겠네. 옛날에 노나라 목공(繆公)은 자사(子思)의 곁에 제 사람이 없으면 자사를 편안하게 해줄 수 없었고, 설류(泄柳)와 신상(申詳)은 목공의 곁에 제 사람이 없으면 그 자신들이 편안할 수 없었네. 그대는 이 늙은이를 위해 생각해준다지만, 자사에게는 미치지 못하고 있네. 자네가 나를 끊은 것인가, 내가 자네를 끊은 것인가?"

注釋 주(晝)는 임치(臨淄)의 서남쪽에 있는 읍으로, 맹자가 제나라에서 고향인 추(鄒) 땅으로 가는 길에 반드시 지나야 하는 곳이다. 좌이언(坐而言)의 좌(坐)는 앉다는 뜻이 아니라 무릎을 꿇다는 뜻이다. 맹자에게 머물라고 간곡하게 부탁하려고 왔기 때문에 앉아서 말했다고 보기에는 적절하지 않다. 은(隱)은 기대다는 뜻이다. 궤(几)는 앉을 때 몸을 기대는 기구다. 제자(弟子)는 자신을 낮추어 이른 말이다. 제숙(齊宿)의 제(齊)는 목욕재계를 뜻하는 재(齋)와 같으며, 숙(宿)은 하루 전을 뜻한다. 목공(繆公)은 목공(穆公)과 같다. 노목공(魯繆公)은 이름이 현(顯)이며, 23년간 재위했다. 자사(子思)는 공자의 손자이며, 이름이 급(伋)이다. 설류(泄柳)는 노목공 때의 현인(賢人)이었고, 12.6에 나오는 자류(子柳)가 이 사람이다. 신상(申詳)은 공자의 제자인 자장(子張)의 아들이며 자유(子游)의 사위다. 장자(長者)는 맹자 자신을 가리키는데, 아마도 나이가 많아서 그렇게 스스로 일컬은 듯하다. 절(絶)은

끊다, 버리다는 뜻이다.

蛇足 왕을 위해 맹자를 붙들어두려는 고상한 뜻을 품고 찾아온 객을 대하는 맹자의 태도는 얼핏 예의에서 어긋난 듯이 보인다. 그러나 맹자의 태도는 결코 예의에서 벗어난 게 아니다. 오히려 객이 먼저 예의에서 벗어난 행동을 했다. 앞서 말했듯이 예의란 외적 형식이 아니다. 상대가 누구인지 어떤 상황인지를 잘 알아서 그에 맞게 행동하는 것이 예의를 갖춘 것인데, 여기서 객은 이미 떠날 뜻을 분명하게 밝히고 길을 떠난 맹자를 쫓아와서는 그 뜻을 되돌리려고 했으니 이게 예의를 벗어난 짓이다.

예의란 상대의 마음을 편안하게 해주어야만 완전해진다. 아무리 현자를 예우한다고 하더라도 편안하게 해주지 못한다면, 한낱 소나 양을 기르는 것에 지나지 않는다. 맹자는 그런 대접을 받기 싫어서 떠났는데, 또 자신의 뜻을 전혀 헤아리지 못하는 자가 멋대로 찾아와서는 마치 왕의 사신이라도 되는 것처럼 굴었다. 이런 자를 어떻게 대해주어야 할까? 맹자는 가만 누워서 듣지도 않는

양했다. 이는 "내가 어떤 사람인지도 모르고 찾아온 너는 부질없는 짓을 했고, 나는 불편하다!"는 뜻을 에둘러서 표현한 것이다. 그럼에도 객은 전혀 알아차리지 못했다. 결국 맹자는 자세하게 말해줄 도리밖에 없어 옛 일을 들어서 자신의 뜻을 밝혔다. 객이 어떻게 했다는 말이 없는 것을 보면, 알아듣지 못했던 게 분명하다.

4.12

孟子去齊, 尹士語人曰: "不識王之不可以爲湯武, 則是不明也; 識其不可, 然且至, 則是干澤也. 千里而見王, 不遇故去, 三宿而後出晝, 是何濡滯也! 士則玆不悅."

高子以告.

曰: "夫尹士惡知予哉? 千里而見王, 是予所欲也. 不遇故去, 豈予所欲哉! 予不得已也. 予三宿而出晝, 於予心猶以爲速, 王庶幾改之. 王如改諸, 則必反予. 夫出晝, 而王不予追也, 予然後浩然有歸志. 予雖然, 豈舍王哉! 王由足用爲善. 王如用予, 則豈徒齊民安! 天下之民擧安. 王庶幾改之, 予日望之.

予豈若是小丈夫然哉! 諫於其君而不受則怒, 悻悻然見於其面, 去則窮日之力而後宿哉!"
尹士聞之, 曰: "士誠小人也!"

맹자가 제나라를 떠나자, 윤사(尹士)가 사람들에게 말했다.
"왕께서 탕이나 무왕이 될 수 없다는 걸 알지 못했다면, 지혜롭지 못한 것이다. 그렇게 될 수 없다는 걸 알면서도 왔다면, 이는 녹봉을 구한 것이다. 천 리 길을 와서 왕을 만났다가 뜻이 맞지 않아 떠나면서 사흘 동안 주 땅에서 머문 뒤에나 떠났으니, 어찌 그리도 꾸물대는가! 나는 이것이 마뜩잖다."
고자(高子)가 이 말을 전하자, 맹자가 말했다.
"저 윤사가 어찌 나를 알겠느냐? 천 리 길을 와서 왕을 만난 것은 내가 바란 것이다. 하지만 뜻이 맞지 않아 떠난 것이 어찌 내가 바란 것이겠느냐! 나로서는 어쩔 수가 없었다. 내가 사흘을 머문 뒤에 주 땅을 떠났으나 내 마음에는 오히려 빠르게 느껴졌으니, 왕이 마음을 고쳐먹을 수도 있었기 때문이다. 만약 왕이 마음을 바꾼다면, 반드시 나에게 돌아오라고 할 것이라 생각했다. 그러나 주 땅을 떠나는데도 왕은 나를 부르지 않았다. 그런 뒤에야 나는 거침없이 돌아갈 뜻을 지녔다. 내가 비록 그러했으나, 어찌 왕을 버린 것이겠느냐! 왕은 아직도 좋은 정치를 할 수 있다. 왕이 만약 나를 쓴다면, 어찌 제나라 백성들만 편안하겠느냐! 천하의 백성들이 모두 편안할 것이다. 왕의 마음은 거의 바뀔 수도 있었고, 나는 날마다 그걸 바랐다. 내 어찌 저 잔단 사내들처럼 굴겠느냐! 그런 자는 임금에게 간언을 했다가 받아들여지지 않으면 성을 내며 붉으락푸르락 그 낯에 다 드러내고, 떠나면 온종일 힘을 다해서 간 뒤에야 머물지 않느냐!"

윤사가 이 말을 전해 듣고는 말했다.

"나는 참으로 소인이로구나!"

注釋 윤사(尹士)는 제나라 사람이다. 간(干)은 구하다는 뜻이다. 택(澤)은 녹봉을 뜻한다. 불우(不遇)는 뜻을 펼 기회를 얻지 못하다, 왕과 뜻이 맞지 않다는 뜻을 담고 있다. 유(濡)는 머물다, 더

디다는 뜻이고, 체(滯)는 머물다, 남다는 뜻이다. 자(玆)는 차(此)와 같다. 고자(高子)는 제나라 사람으로, 맹자의 제자다. 오(惡)는 어찌, 어떻게를 뜻한다. 서기(庶幾)는 가깝다, 거의 되려 하다는 뜻이다. 호연(浩然)은 물이 세차게 흐르는 모양인데, 여기서는 아무런 미련도 집착도 없는 마음의 상태를 나타낸다. 유(由)는 유(猶)와 같으며, 아직도, 여전히를 뜻한다. 족용(足用)은 족이(足以)와 같다. 약시(若是)의 시(是)는 부(夫)와 같다. 행행연(悻悻然)은 본래 화를 발끈 내는 모양인데, 여기서는 속이 좁은 모양을 가리킨다. 현어(見於)의 현(見)은 현(現)과 같으며, 드러내다는 뜻이다. 궁일지력(窮日之力)은 온 하루를 다하여 힘을 쓰다는 뜻이다. 사성(士誠)의 사(士)는 윤사 자신을 이르는 말이다.

蛇足 상앙이 진(秦)나라 효공(孝公)을 만나서 마침내 기용되는 과정이 떠오른다. 상앙은 위나라에서 자신이 쓰이지 못할 것을 알고 당시 인재를 구한다는 포고령을 내린 진나라로 갔다. 그러나 상앙이 곧바로 효공을 만날 길은 없었다. 그래

서 효공이 아끼는 대부 경감(景監)을 찾아갔다. 경감은 상앙을 보자 그가 뛰어난 인물임을 알아채고 곧바로 효공에게 그를 천거했다. 인재를 기다리던 효공도 즉시 상앙을 불러들였다. 상앙을 만난 효공은 나라를 다스리는 일에 대해 물었다. 상앙이 이야기를 하자 효공은 듣다가 꾸벅꾸벅 졸았다. 상앙이 물러난 뒤, 효공은 경감에게 화를 냈다.

"그대의 빈객은 허망한 사람인데, 어떻게 등용할 수 있겠소?"

경감이 이 일로 상앙을 꾸짖자, 상앙이 말했다.

"내가 제도(帝道)를 설명했으나, 왕은 그 뜻을 알아듣지 못했습니다."

제도는 신화 속의 오제(五帝)가 나라를 다스린 방도로, 태평한 시절에 쓸 수 있는 통치 방식이었다. 난세에 천하의 패권을 차지하려는 효공의 귀에 들어올 리 만무했다.

그로부터 닷새 뒤, 효공이 다시 상앙을 만나려 했다. 다시 효공을 만난 상앙은 이번에는 왕도(王道)에 대해 설명했다. 효공은 이전보다 나은 반응을 보였으나, 여전히 상앙을 등용할 마음은 일어나지 않았다. 나중에 다시 효공을 만난 상앙은 패도(霸道)에 대해 자세하게 설명해주었다. 패도는 관중이 쓴 계책이었는데, 효공은 꽤 괜찮게 여기기는 했으나 여전히 등용할 뜻은 없었다. 얼마 뒤, 효공은 상앙을 다시 불러서 물었다. 이에 상앙은 부강한 나라가 되는 방법을 말해주었고, 효공은 전혀 싫증 내지 않고 들었다. 상앙은 백성들이 농사에 전념하게 하고 실정에 맞는 법령을 제정하며 상벌을 엄정하게 시행해서 용감하게 전쟁에 나아가도록 하는 것이 강성한 나라를 만드는 요체라고 했다.

상앙은 효공이 무엇을 바라는지 살폈고, 마침내 효공의 뜻에 부합하는 계책을 내놓아서 그의 마음을 사로잡았다. 맹자가 일관되게 왕도를 주장하면서 제후가 자신의 뜻을 따르도록 요구한 것과는 사뭇 다르다. 애초부터 상앙이 고수했던 길은 패도였으므로 그의 처신을 나무랄 수는 없다. 아울러 왕도를 고집했던 맹자도 비난할 수 없다. 그것도 한 길이었고, 이것도 한 길이었을 뿐이다. 상앙의 길은 시세를 따른 것이고, 맹자의 길은 시대를 찌른 것이다.

또 맹자가 "왕은 아직도 좋은 정치를 할 수 있다"고 한 말을 미련이 남아서 했다고 보아서는 안 된다. 맹자는 누구나 측은지심을 비롯한 네 가지 마음을 지니고 있다고 믿었으므로 어떤 왕이든 뜻만 확고하게 지니면 얼마든지 왕도를 펼 수 있다고 믿었다. 자질이 좀 부족한 왕이라도 자신에게 일임한다면, 얼마든지 천하를 편안하게 할 수 있다고 당당하게 말한 사람이 맹자다.

4.13

孟子去齊, 充虞路問曰: "夫子若有不豫色然. 前日虞聞諸夫子曰, '君子不怨天, 不尤人.'"
曰: "彼一時, 此一時也. 五百年必有王者興, 其間必有名世者. 由周而來, 七百有餘世矣. 以其數則過矣, 以其時考之則可矣. 夫天未欲平治天下也. 如欲平治天下, 當今之世, 舍我其誰也? 吾何爲不豫哉!"

맹자가 제나라를 떠날 때, 충우(充虞)가 길에서 물었다.

"선생님 얼굴에 찐덥지 않은 빛이 있으신 듯합니다. 지난날에 저는 선생님께서, '군자는 하늘을 원망하지 않고 사람을 탓하지 않는다'고 말씀하신 것을 들은 적이 있습니다."

맹자가 대답했다.

"그때는 그때요, 이제는 이제다. 5백 년이 지나면 반드시 왕도를 행하는 자가 나오고, 그 사이에는 반드시 세상에 이름을 떨치는 자가 있다. 주나라가 건국된 이래로 7백여 년이 되었다. 햇수로 따지면 이미 지났고, 때로써 헤아려보면 왕도를 펼 만하다. 그런데 하늘이 천하가 평화롭게 다스려지기를 바라지 않는 듯하다. 만약 천하가 평화롭게 다스려지기를 바란다면, 바로 이 시대에 나를 버리고 누가 있겠느냐? 그러니 내 어찌 찐덥지 않겠느냐!"

注釋 불예색(不豫色)은 찐덥지 않은 낯빛을 이른다. 불원천불우인(不怨天, 不尤人)은 공자가 한 말로, 『논어』「헌문(憲問)」편에 나온다. 칠백여유세(七百有餘世)란 주나라가 선 뒤로부터 맹자가 제나라를 떠나던 당시까지 기간을 대략적으로 말한

것이다.

蛇足 5백 년이 지나면 반드시 왕도를 행하는 자가 나온다고 한 근거가 무엇인지는 알 수가 없다. 아마도 요와 순, 우가 차례로 나오면서 하 왕조가 서고, 다시 탕에 의해 상 왕조가 하 왕조를 대신하고, 문왕과 무왕이 상에 이어 주 왕조를 세운 일을 두고 그렇게 본 듯하다. 나름대로 역사의 법칙을 찾아내려고 했음을 알 수 있는데, 흥미로운 것은 맹자 스스로 왕도를 행하는 자가 5백 년이 지나야 나온다고 했다는 사실이다. 왕도는 성군(聖君)이 나와야 비로소 행해지기 때문에 매우 드물다는 것을 스스로 인식하고 있었음을 의미한다. 그럼에도 이제 왕도를 펼 만하다고 한 것은 이미 새로운 왕조가 탄생해야 할 시기가 지났을 뿐만 아니라, 탕이 등장하고 문왕과 무왕이 대두한 하와 상 왕조의 말기처럼 당시가 극심한 혼란의 시기라고 판단했기 때문이다. 천하의 모든 사람들이 평화를 갈구하고 있다는 데서도 그 근거를 찾을 수 있다. 무엇보다도 "이 시대에 나를 버리고 누가 있겠느냐?"는 호기는 허황된 것이 아니라, 그러한 역사 인식에서 우러나온 것으로 보아야 한다. 어쨌든 맹자가 말한 햇수가 반드시 역사적 전환의 주기와 일치하지는 않고 또 그렇게 역사를 보기는 어렵지만, 전국시대는 그런 전환의 시기였다는 사실만큼은 분명하다. 다양한 학파와 무수히 많은 사상가들이 이 시기에 쏟아져 나와서 유례없는 창조적 정신을 발현한 것도 전환의 시대였기 때문이다.

4.14

孟子去齊, 居休, 公孫丑問曰: "仕而不受祿, 古之道乎?"
曰: "非也. 於崇, 吾得見王, 退而有去志, 不欲變, 故不受也. 繼而有師命, 不可以請. 久於齊, 非我志也."

맹자가 제나라를 떠나 휴(休) 땅에 머물었을 때, 공손추가 물었다.
"벼슬살이하면서 녹봉을 받지 않는 것은 옛날

부터 지켜오던 도입니까?"

맹자가 대답했다.

"아니다. 숭(崇) 땅에서 나는 왕을 만났는데, 물러나와서는 떠날 뜻을 가졌고 그 뜻을 바꿀 생각이 없었기 때문에 받지 않은 것이다. 뒤이어서 군대의 출정 명령이 있었으므로 떠나겠다는 청을 할 수가 없었을 뿐이다. 제나라에서 오래 머뭇거리는 건 내 뜻이 아니었다."

注釋 휴(休)는 지명이다. 제나라에서 추 땅으로 가는 사이에 있었던 듯한데, 염약거(閻若璩)의 『석지속(釋地續)』에서는 "그러므로 휴성(休城)은 지금의 곤주부(袞州府) 등현(滕縣) 북쪽 15리에 있으며, 맹자의 집까지는 약 100리 떨어져 있다"고 적고 있다. 숭(崇)은 지명인데, 어디인지 알 수 없다. 불욕변(不欲變)은 떠날 뜻을 아무런 이유 없이 바꿀 생각이 없었다는 의미다. 사명(師命)은 사려지명(師旅之命)으로, 군대의 출정을 명하는 것이다.

蛇足 아마도 마지막으로 왕을 만나고서 자신의 뜻을 펼 수 없다는 것을 확인했던 듯하다. 그래서 떠날 결심을 했는데, 미처 사직서를 제출하지 않고 떠날 수밖에 없는 상황이 되었다. 그래서 마음으로 이미 사직서를 올린 셈으므로 녹봉을 받지 않았던 것이다. 이는 자신의 뜻이 확고하다는 것을 표현한 것이기도 하지만, 그 자체로 이제 벼슬에서 물러났다는 징표로 삼은 것이기도 하다. "제나라에서 오래 머뭇거리는 건 내 뜻이 아니었다"고 한 말은 이미 뜻을 굳힌 바에야 굳이 번다한 절차를 밟으려고 머뭇거리는 것은 대인이 할 짓이 아니라는 의미다. 행여 이를 트집잡아서 맹자를 비난하는 자가 있었을 터이지만, 맹자는 아랑곳하지 않았을 것이다. 왕도를 펴지 못하는 판국에 그런 하찮은 비난 따위에 연연할 사내가 아니었다.

5장

등문공 상

(滕文公上)

5.1

滕文公爲世子, 將之楚, 過宋而見孟子. 孟子道性善, 言必稱堯舜.
世子自楚反, 復見孟子. 孟子曰: "世子疑吾言乎? 夫道一而已矣. 成覸謂齊景公曰, '彼丈夫也, 我丈夫也, 吾何畏彼哉?' 顔淵曰, '舜, 何人也? 予, 何人也? 有爲者亦若是.' 公明儀曰, '文王, 我師也, 周公豈欺我哉?' 今滕, 絶長補短, 將五十里也, 猶可以爲善國. 書曰, '若藥不瞑眩, 厥疾不瘳.'"

등나라 문공(文公)이 세자였을 때, 초나라에 가려고 송나라를 지나다가 맹자를 찾아뵈었다. 맹자는 본성이 착하다는 걸 일깨워주었는데, 말할 때마다 꼭 요와 순을 기렸다.
세자는 초나라에서 돌아갈 때, 다시 맹자를 찾아뵈었다. 맹자가 말했다.
"세자는 내 말을 의심하시오? 저 도는 하나일 뿐이오. 성간(成覸)이 제나라 경공(景公)에게 이르기를, '그도 사내요 나도 사내인데, 내 어찌 그를 두려워하리오?'라고 했고, 안연이 말하기를, '순은 어떤 사람이며 나는 어떤 사람인가? 애써 노력한다면 역시 그와 같이 되리라'고 했으며, 공명의(公明儀)는 '문왕은 내 스승이라고 주공은 말했는데, 주공이 어찌 나를 속였겠는가?'라고 했소. 이제 등나라는 긴 곳을 잘라 짧은 곳에 잇대면 대략 50리쯤 되는데, 그럼에도 좋은 나라가 될 수 있소. 『상서』에 이르기를, '약이 눈과 머리를 어질어질하게 하지 않는다면, 그 병은 낫지 못한다'고 했소."

注釋 등(滕)나라는 지금의 서주(徐州) 북쪽 190리 즈음에 있었는데, 당시 송(宋)나라는 옛 도읍 상구(商邱)에서 팽성(彭城, 지금의 徐州市)으로 천도한 뒤였기 때문에 세자가 초나라에 가려면 반드시 남쪽으로 가서 송나라를 지나야 했다. 성간(成覵)은 제나라의 신하로, 용맹하고 과감한 인물이었다고 한다. 공명의(公明儀)는 노나라의 현자로서, 증자의 제자다. 절장보단(絶長補短)은 당시에 땅의 면적을 계산하면서 썼던 상용어로 보인다. 『묵자』「비명상(非命上)」에서는 "옛날 탕이 처음 박이라는 땅에 봉해졌을 때, 긴 곳을 자르고 짧은

곳을 이으면 사방 백 리였다. … 문왕은 기주 땅에 봉해졌는데, 긴 곳을 자르고 짧은 곳을 이으면 사방 백 리였다"(古者湯封於亳, 絕長繼短, 方地百里. … 昔者文王封於岐周, 絕長繼短, 方地百里)고 하여 '절장계단(絕長繼短)'이라 썼고, 『전국책』에서는 '절장속단(絕長續短)'으로 썼다. 서(書)에서 인용한 것은 현재의 『상서』에는 나오지 않는다. 『국어(國語)』「초어(楚語)」에 상 왕조 때 왕인 무정(武丁)이 한 말이라면서 "그대의 마음을 열어 내 마음을 적셔 주기 바라오. 그대의 말은 약과 같으니, 약이 눈과 머리를 어질어질하게 하지 못하면 병은 낫지 못하오"(啟乃心, 沃朕心. 若藥不瞑眩, 厥疾不瘳)라는 구절이 인용되어 있다.

蛇足 여기서 맹자는 처음으로 '성선(性善)'을 말했다. 시대가 시대이니만치 그 말을 쉽게 믿을 사람은 없었으리라. 맹자를 만난 세자도 마찬가지였을 것은 뻔하다. 더구나 사방 50리도 채 못 되는 나라의 세자가 아닌가. 주변의 강대국들에게 얼마나 시달렸겠는가. 그런 그가 사람의 본성은 착하다는 것을 믿기란 실로 어렵다. 그러나 맹

자는 망설임이 없다. "대체 무얼 두려워하시오?" 그렇다. 이미 등나라는 다른 선택의 길이 없다. 속된 말로 "밑져야 본전이다." 그러나 패도적 방식은 안 된다. 이는 주변국들에게 더욱 견제받거나 시달리게 될 빌미를 제공할 수 있다. 그리고 누구나 예상할 수 있는 시나리오다. 반면에 조용하면서도 효율적인 왕도를 편다면 당장 신하들과 백성들은 이해하지 못하고 당혹해할 수도 있겠으나, 막다른 길로 내몰린 등나라로서는 이 길 밖에는 없다. 아무도 예상하지 않은 길이므로 등나라 사람들 모두 눈과 머리가 어질어질하게 될 것임은 두말할 필요가 없다.

5.2

滕定公薨, 世子謂然友曰: "昔者孟子嘗與我言於宋, 於心終不忘. 今也不幸至於大故, 吾欲使子問於孟子, 然後行事."
然友之鄒, 問於孟子.
孟子曰: "不亦善乎! 親喪, 固所自盡也. 曾子曰, '生, 事之以禮; 死, 葬之以禮, 祭之以禮, 可謂孝矣.' 諸侯之禮, 吾未之學也. 雖然, 吾嘗聞之矣. 三年之喪, 齊疏之服, 飦粥之食, 自天子達於庶人, 三代共之.”

然友反命, 定爲三年之喪. 父兄百官皆不欲, 曰: “吾宗國魯先君莫之行, 吾先君亦莫之行也, 至於子之身而反之, 不可. 且志曰, ‘喪祭從先祖.’ 曰, ‘吾有所受之也.’”

謂然友曰: “吾他日未嘗學問, 好馳馬試劍, 今也父兄百官不我足也, 恐其不能盡於大事, 子爲我問孟子.”

然友復之鄒, 問孟子.

孟子曰: “然. 不可以他求者也. 孔子曰, ‘君薨, 聽於冢宰.’ 歠粥, 面深墨, 卽位而哭, 百官有司莫敢不哀, 先之也. 上有好者, 下必有甚焉者矣. 君子之德, 風也; 小人之德, 草也. 草上之風必偃, 是在世子.”

然友反命. 世子曰: “然. 是誠在我.”

五月居廬, 未有命戒, 百官族人可, 謂曰知. 及至葬, 四方來觀之, 顔色之戚, 哭泣之哀, 弔者大悅.

등나라 정공(定公)이 세상을 떠나자, 세자가 연우(然友)에게 말했다.

“옛날에 맹자가 송나라에서 나와 애기를 나눈

적이 있는데, 내 마음에서 내내 잊혀지지 않고 있다. 이제 불행하게도 큰일을 당했으니, 내 그대를 시켜서 맹자에게 물은 뒤에 장례를 치르고자 한다."

연우가 추(鄒) 땅에 가서 맹자에게 여쭈니, 맹자가 대답했다.

"이 또한 좋은 일이 아닌가! 어버이의 상례는 원래 스스로 지극함을 다하는 것이오. 증자가 말하기를, '살아 계실 때에는 예로써 섬기고, 돌아가실 때 예로써 장사를 지내고 또 예로써 제사를 지낸다면, 효도한다고 하리라'고 했소. 그러나 제후가 갖추어야 할 예법에 대해서는 내가 배운 적이 없소. 그러하나 내 들은 적이 있으니, 삼년상을 치르며 거친 삼베옷을 입고 멀건 죽을 먹는 것은 천자로부터 뭇 사람들에 이르기까지 하·은·주 삼대 때부터 모두가 지켜온 것이라 하오."

연우가 돌아와서 아뢰자, 상례를 삼년상으로 정했다. 그러자 집안 어른들과 형들, 모든 벼슬아치들이 모두 마뜩잖게 여기며 말했다.

"우리의 뿌리가 되는 노나라 선군(先君)들께

서도 그렇게 하지 않으셨고, 우리 선군들께서도 역시 그렇게 하지 않으셨는데, 이제 그대에 이르러서 뒤엎고 있으니, 옳지 못하오. 또 옛글에서도 '상례와 제례는 선조들을 따른다'고 했으니, 이는 우리에게 이어받은 예법이 있음을 말한 것이오."

세자는 연우에게 말했다.

"내가 예전에 학문을 한 적이 없고 말 달리고 칼 쓰는 일을 좋아했다가 이제 집안 어른들과 형님들, 모든 벼슬아치들이 나를 부족하다고 여기게 되었다. 이로 말미암아 큰일을 다하지 못할까 걱정이다. 그대는 나를 위해 맹자에게 물어보라."

연우가 다시 추 땅에 가서 맹자에게 여쭈니, 맹자가 대답했다.

"그렇겠군. 다른 데서 구할 것 없소. 공자는 '임금이 죽으면 재상에게 정치를 맡긴다'고 말했소. 세자가 재상에게 정치를 맡기고 죽을 먹으며 얼굴은 먹빛처럼 검게 하고서 그 자리에 나아가 곡을 하면 모든 벼슬아치들과 담당 관리들도 감히 슬퍼하지 않을 수 없으니, 이는 윗사람이 앞서서 했기 때문이오. 윗사람이 좋아하는 게 있으면, 아랫사람은 반드시 그보다 더 좋아하오. 군자의 덕은 바람이요, 소인의 덕은 풀이오. 풀 위에 바람이 불면 반드시 눕는다고 했으니, 이는 세자에게 달렸소."

연우가 돌아와서 아뢰니, 세자가 말했다.

"그러하다. 이는 참으로 나에게 달렸다."

그러고는 다섯 달을 여막에 머물면서 명령과 계칙(戒飭)을 내리지 않으니, 이에 모든 벼슬아치들과 집안사람들이 '되었구나!' 하고 여기며 예를 안다고 말했다. 장사를 지내는 날에 사방에서 사람들이 와서 자세히 보았는데, 그 낯빛에 서러움이 있고 곡하며 우는 소리도 슬퍼서 조문하는 자들이 아주 기특하게 여겼다.

注釋 정공(定公)은 문공의 부친이다. 조기의 주석에 따르면, "『고기세본』은 제후의 세계를 기록하는데, 등나라에는 고공 미가 있어 문공의 부친인 정공과 상치되고, 그 아들 원공 굉은 문공과 상치된다. 후세에 피휘하여 고공을 고쳐 정공이

라 했고, 원공은 문덕을 행했으므로 문공이라 했다"(古紀世本錄諸侯之世, 滕有考公麋, 與文公之父定公相値; 其子元公宏, 與文公相値. 以後世避諱, 改考公爲定公; 以元公行文德, 故謂之文公也.)고 한다. 훙(薨)은 제후의 죽음을 뜻한다. 연우(然友)는 세자의 사부다. 대고(大故)는 앞의 훙(薨), 곧 대상(大喪)을 가리킨다. 지추(之鄒)는 추 땅에 가다는 뜻인데, 『사기정의(史記正義)』에서는 "지금 추현은 서주(徐州) 등현(滕縣)에서 40여 리 떨어져 있는데, 가서 돌아오는데 대략 반나절도 걸리지 않으므로 물은 뒤에 일을 처리할 수 있었다"고 했다. 자진(自盡)은 스스로 지극함을 다하는 것을 뜻한다. 증자가 했다는 말이 『논어』「위정(爲政)」편에서는 공자가 한 말로 나온다. 맹의자(孟懿子)가 효에 대해 묻자, 공자가 "살아 계실 적에 예로써 섬기고, 돌아가시면 예로써 장례를 치르고 또 예로써 제사 지내는 것이다"(生, 事之以禮; 死, 葬之以禮, 祭之以禮)라고 했다. 따라서 증자가 공자의 가르침을 전한 것으로 볼 수 있다. 자소(齊疏)는 자최(齊衰)라고도 하는데, 자(齊)는 상복의 아랫단을 꿰맨 것이고, 소(疏)는 거친 삼베를 뜻한다. 전(飦)은 멀건 죽이다. 종국(宗

國)은 동성(同姓)의 나라를 뜻하는데, 노나라의 개조인 주공(周公)의 동생 숙수(叔繡)의 봉국(封國)이 등나라이기 때문에 이렇게 말한 것이다. 지(志)는 기록된 것을 뜻한다. 공자가 한 말은 『논어』「헌문(憲問)」편에 나오는 "임금이 세상을 떠나면, 모든 관리들은 제 일을 잡도리하면서 3년 동안 재상의 명을 받았다"(君薨, 百官總己以聽於冢宰三年)고 한 것을 이른 듯하다. 철(歠)은 마시다는 뜻이다. 군자지덕(君子之德)에서 필언(必偃)까지는 『논어』「안연(顏淵)」편에도 나오는 구절이다. 오월거려(五月居廬)는 제후가 죽으면 다섯 달이 지나야 장례하는데, 그 전에 효자가 중문 밖의 여막(廬幕)에 머무는 것을 이른다.

蛇足 세자가 삼년상을 치르려 하자, 친족들과 신하들이 모두 선군들의 예를 끌어와서는 반대를 했다. 이는 풍전등화와 같은 등나라의 급박하고 위태로운 처지 때문이다. 계책을 세워 부국강병의 길을 모색해도 늦을 판국에 삼년상이라니! 이는 나라를 아예 말아먹겠다고 작정한 것이나 다름이 없다. 게다가 평소 세자의 행동거지가 전혀 그

런 예법과는 거리가 멀었기 때문에 더욱 수긍하기 어려웠던 점도 작용했다. 그러나 세자는 꿈쩍도 하지 않고, 오히려 그들을 설득할 수 있는 방책을 맹자에게 구했다. 맹자는 공자의 말로써 길을 제시했는데, 이는 상 왕조의 무정(武丁)과 깊은 연관이 있다.

무정은 반경(盤庚)의 조카로서, 부친인 소을(小乙)을 이어 왕위를 계승했다. 반경은 상나라의 20대 군주로서 쇠퇴하기 시작한 상나라를 중흥시켰다. 그는 은(殷)으로 천도를 했는데, 이것으로도 상나라가 위기 상황이었음을 짐작할 수 있다. 그러나 위기를 완전히 극복한 것은 아니었고, 중흥의 책무는 다시 무정에게로 넘어갔다. 쇠퇴하는 왕조의 공통점은 권문세족들이 군주를 견제하면서 자신들의 기득권을 옹호하기 위해 온갖 술수를 부린다는 데에 있다. 무정 또한 그러한 현실을 잘 알았으므로 중흥을 이룩하기 위해서는 새로운 인물을 물색하여 신선한 바람을 불러일으켜야 했다. 그러나 이는 간단하게 해결될 문제가 아니었다. 그래서 그는 부친상을 삼년상으로 치르면서 정사를 신하에게 맡겼다. 삼년상을 마치고도 아무런 발언을 하지 않았다. 이제 신하들이 조급해졌다. 어쩌면 무정은 후대에 한비(韓非)가 말한 '신하를 통제하는 방법'을 썼는지도 모른다. 한비는 "군주는 자신이 바라는 것을 드러내서는 안 된다. 이를 드러내면 신하는 스스로 군주가 하고자 하는 일에 맞도록 꾸미려 든다. … 군주가 자기 행적을 가려두고 속마음을 숨겨 그 단서가 보이지 않게 하면 신하는 군주의 속사정을 알아차릴 수 없다"(『한비자』「주도(主道)」)고 한 술책을 말이다. 신하들이 어찌할 줄 몰라 당혹해할 때 무정은 몰래 부열(傅說)이라는 탁월한 인물을 물색해두었고, 이윽고 부열을 재상으로 삼아서 나라를 안정되게 다스렸다.

물론 세자가 처한 상황과 무정이 처한 상황은 다르다. 세자는 기득권층을 누르기보다는 자신의 뜻이 관철될 수 있는 여건을 마련할 필요가 절실했다. 그러나 이전에 한 행실 탓에 그를 믿으려는 신하들이 적었으므로 먼저 그들을 믿게 만들 필요가 있었다. 그때 선택한 것이 바로 삼년상이었다. 그리고 다섯 달 만에 효과가 나타났다. 왕도에서는 군주가 솔선수범해서 신하들과 백성들이 믿고 따르는 것이 긴요하다. 패도에서는 법령을 정비하고 형벌을 엄정하게 시행하는 것이 긴요하겠지만.

5.3

滕文公問爲國.

孟子曰: "民事不可緩也. 詩云, '晝爾于茅, 宵爾索綯, 亟其乘屋, 其始播百穀.' 民之爲道也, 有恒產者有恒心, 無恒產者無恒心. 苟無恒心, 放辟邪侈, 無不爲已. 及陷乎罪, 然後從而刑之, 是罔民也. 焉有仁人在位罔民而可爲也? 是故賢君必恭儉禮下, 取於民有制. 陽虎曰, '爲富不仁也, 爲仁不富矣.' 夏后氏五十而貢, 殷人七十而助, 周人百畝而徹, 其實皆什一也. 徹者, 徹也; 助者, 藉也. 龍子曰, '治地莫善於助, 莫不善於貢.' 貢者, 挍數歲之中以爲常. 樂歲, 粒米狼戾, 多取之而不爲虐, 則寡取之; 凶年, 糞其田而不足, 則必取盈焉. 爲民父母, 使民盻盻然, 將終歲勤動, 不得以養其父母, 又稱貸而益之, 使老稚轉乎溝壑, 惡在其爲民父母也? 夫世祿, 滕固行之矣. 詩云, '雨我公田, 遂及我私.' 惟助爲有公田. 由此觀之, 雖周亦助也. 設爲庠序學校以敎之. 庠者, 養也; 校者, 敎也; 序者, 射也. 夏曰校, 殷曰序, 周曰庠, 學則三代共之, 皆所以明人倫也. 人倫明於上, 小民親於下. 有王者起, 必來取法, 是爲王者師也. 詩云, '周雖舊邦, 其命維新.' 文王之謂也. 子力行之, 亦以新子之國!"

使畢戰問井地.

孟子曰: "子之君將行仁政, 選擇而使子, 子必勉之! 夫仁政, 必自經界始. 經界不正, 井地不鈞, 穀祿不平, 是故暴君汚吏必慢其經界. 經界旣正, 分田制祿可坐而定也. 夫滕, 壤地褊小, 將爲君子焉, 將爲野人焉. 無君子, 莫治野人; 無野人, 莫養君子. 請野九一而助, 國中什一使自賦. 卿以下必有圭田, 圭田五十畝; 餘夫二十五畝. 死徙無出鄕. 鄕田同井, 出入相友, 守望相助, 疾病相扶持, 則百姓親睦. 方里而井, 井九百畝, 其中爲公田. 八家皆私百畝, 同養公田. 公事畢, 然後敢治私事, 所以別野人也. 此其大略也. 若夫潤澤之, 則在君與子矣."

등나라 문공이 나라를 다스리는 일에 대해 묻자, 맹자가 대답했다.

“백성을 위한 일은 늦추어서는 안 되오. 『시경』 「빈풍(豳風)」의 〈칠월(七月)〉에 이르기를, ‘낮에는 띠를 베어 오고 밤에는 새끼를 꼬네. 이것으로 서둘러 지붕을 이으니, 이윽고 온갖 씨 뿌릴 때가 오도다’라고 했소. 백성이 사는 길을 말하자면, 번듯한 생업이 있는 자는 떳떳한 마음을 지니고, 번듯한 생업이 없는 자는 떳떳한 마음이 없소. 진실로 떳떳한 마음이 없으면 멋대로 하거나 치우치거나 삿되거나 분수를 넘어서거나 하지 않음이 없게 되오. 그러다가 죄에 빠지게 되니, 그런 뒤에 쫓아가서 벌을 준다면 이는 백성을 속여서 그물질하는 짓이오. 어찌 어진 사람이 왕위에 있으면서 백성을 속여 그물질하는 짓을 할 수 있겠소? 이런 까닭에 현명한 임금은 반드시 깍듯하고 야무지며 아랫사람을 예의로써 대하고, 백성에게서 세금을 거둘 때에는 일정한 한도를 두는 법이오.

양호가 말하기를, ‘부유해지려 하면 어질지 못하고, 어질게 되려 하면 부유해지지 못한다’고 했소. 하후씨는 50무씩 나눠 주는 공법

(貢法)을 썼고, 은나라는 70무씩 나눠 주는 조법(助法)을 썼으며, 주나라는 100무씩 나눠 주는 철법(徹法)을 썼으니, 그 실상은 모두 10분의 1을 거두는 것이었소. '철(徹)'은 두루 통용된다는 뜻이고, '조(助)'는 힘을 빌린다는 뜻이오. 용자(龍子)는 '토지를 다스리는 데 조법보다 좋은 게 없고, 공법보다 좋지 않은 게 없다'고 말했소. 공법은 여러 해 동안의 수확을 견주어 중간치를 정하는 것이어서, 풍년에는 곡식이 넘쳐날 정도이니 많이 거두어도 모질다고 여기지 않는데도 적게 거두고, 흉년에는 그 밭의 곡식을 다 쓸어가도 모자라는데도 반드시 정해진 대로 다 채워서 거두어 가오. 백성의 부모가 되어서는 백성이 허덕이며 한 해 내내 힘들게 일하고도 제 부모를 봉양할 수 없게 만들고, 게다가 이자를 받고 빌려주고서는 더 거두어들여 늙은이와 어린애를 도랑이나 골짜기에 나뒹굴게 한다면, 어찌 백성의 부모라고 할 수 있겠소? 대대로 녹봉을 내리는 것은 등나라도 잘 시행하고 있소이다. 『시경』「소아」의 〈대전(大田)〉에 이르기

를, '우리 공전(公田)에 먼저 비 내리고, 이윽고 내 밭에도 내리도다'라고 했으니, 오로지 조법에서만 공전이 있었던 것이오. 이로써 살피건대, 주나라도 역시 조법을 썼소.

백성의 생업이 번듯해진 뒤에는 상(庠)·서(序)·학(學)·교(校)를 두어서 가르치오. '상'은 기른다는 뜻이고, '교'는 가르친다는 뜻이며, '서'는 활쏘기를 뜻하오. 하나라에서는 '교'라 했고, 은나라에서는 '서'라 했으며, 주나라에서는 '상'이라 했고, 학은 하·은·주 삼대에 공통이었으니, 모두 인륜을 밝히는 곳이었소. 인륜이 위에서 밝혀지면 어리석은 백성들이 아래에서 가까이할 것이오. 왕노릇할 자가 나오면 반드시 등나라로 와서 이 법을 취할 것이니, 이리하면 왕노릇할 자의 스승이 되는 셈이오. 『시경』「대아」의 〈문왕(文王)〉에서 '주나라는 비록 오래된 나라지만, 그 천명은 참 새롭구나'라고 했으니, 이는 문왕을 이른 것이오. 그대의 군주가 힘써 행한다면, 그대의 나라도 새로워질 것이오."

등나라 문공이 필전(畢戰)을 시켜 정지(井地)

에 대해 물으니, 맹자가 대답했다.

"그대의 군주가 어진 정치를 행하려고 그대를 가려 뽑아서 나에게 보냈으니, 그대는 반드시 힘쓰도록 하시오. 어진 정치란 반드시 경계를 정하는 데서부터 시작되오. 경계를 정한 것이 바르지 않으면 정지(井地)는 고르게 되지 않고 녹봉도 공평하지 않게 되오. 이런 까닭에 포악한 군주와 추잡한 벼슬아치는 반드시 경계 정하는 일을 게을리하오. 경계 정하는 일이 먼저 바르게 되면 밭을 나누고 녹봉을 정하는 것은 앉아서도 할 수 있소. 저 등나라는 땅이 좁고 작으나, 정치를 맡은 군자도 있을 것이고 경작하는 야인도 있을 것이오. 군자가 없으면 야인을 다스릴 수 없고, 야인이 없으면 군자를 기를 수 없소. 들녘에는 9분의 1의 조법을 쓰고, 도읍에는 10분의 1의 세법을 써서 스스로 세금을 바치도록 하시오. 경(卿) 이하는 반드시 규전(圭田)이 있으니, 규전은 50무씩이오. 나머지 백성들에게는 25무씩을 주도록 하시오. 이렇게 하면 죽거나 이사할 때도 마을을 떠나지 않을 것이오. 향전(鄕

田)의 여덟 가구가 경작을 위해 드나들 때 함께하고, 지키고 망볼 때 서로 돕고, 질병이 생겼을 때 서로 붙들어주고 지켜준다면, 백성들은 가까이 지내며 화목할 것이오. 사방 1리가 정(井)이고, 각 정은 9백 무이며, 그 가운데 공전(公田)이 있소. 여덟 가구는 모두 각자 1백 무씩을 사전(私田)으로 경작하고 공전은 공동으로 경작하오. 공전의 일을 마친 뒤에야 각자 사전의 일을 하니, 이는 군자와 야인을 구별하기 위한 것이오. 이것이 정전법의 대략이오. 만약 이를 제대로 하려고 한다면, 그것은 바로 군주와 그대에게 달려 있소."

注釋 우(于)는 가다는 뜻이다. 삭도(索綯)는 새끼를 꼬다는 뜻이다. 극(亟)은 서두르다는 뜻이다. 승(乘)은 다스리다는 뜻의 치(治)와 같다. 항산(恒産)은 생활을 뒷받침해줄 만한 일정한 재산이나 생업, 수입 등을 말한다. 항심(恒心)은 흔들리지 않는 바른 마음을 뜻한다. 망(罔)은 그물질하다는 뜻으로, 옭아매서 처벌하는 것을 이른다. 제(制)는 알맞은 정도, 한도를 뜻한다. 양호(陽虎)는 노

나라 계씨(季氏)의 가신이었다. 하후씨(夏后氏)·은인(殷人)·주인(周人)은 하·은·주 세 왕조를 가리킨다. 용자(龍子)는 고대의 현인이라 한다. 교(挍)는 교(校)와 같으며, 견주다, 헤아리다는 뜻이다. 립(粒)은 곡식의 뜻으로 쓰였다. 낭려(狼戾)는 낭자(狼藉)와 같으며, 여기저기 어지러이 흩어져 있는 모양이다. 분(糞)은 쓸다, 없애다는 뜻으로 쓰였다. 혜혜연(盻盻然)은 쉬지 못하고 힘들여 일하는 모습이다. 칭대(稱貸)의 칭(稱)은 이자를 받다는 뜻이다. 필전(畢戰)은 등나라의 신하다. 정지(井地)는 곧 정전(井田)이다. 균(鈞)은 고르다, 고르게 하다는 뜻의 균(均)과 같다. 곡록(穀祿)의 곡(穀)은 녹미(祿米) 즉 녹봉으로 주는 쌀을 뜻하므로 록(祿)과 같은 말이다. 야(野)는 교외(郊外)로, 성에서 멀리 떨어진 땅을 뜻한다. 국중(國中)은 교내(郊內)로, 가까이 있는 땅이다. 규전(圭田)은 관리들에게 제사 비용으로 쓰라고 분배해준 토지다. 여부(餘夫)는 일반 백성들을 뜻한다. 윤택(潤澤)은 윤이 나게 하다, 풍부하게 하다는 뜻인데, 여기서는 알맞게 잘하다는 말맛을 담고 있다.

蛇足 나라를 다스리는 일에 대해 묻자, 맹자는 백성을 위한 일을 먼저 하라고 했다. 그것은 백성에게 번듯한 생업을 보장해주는 일이고, 이를 위해서는 세금을 거두는 데 한도를 정해서 지켜야 한다고 했다. 당시 제후들이 가렴주구를 일삼았던 데서 그 이유를 찾을 수 있다. 어쨌든 왕도는 백성을 살리는 것을 최우선으로 한다는 점에서도 생업의 보장은 중요한데, 당시로서는 대부분의 백성이 농업에 종사했으므로 경작할 땅을 잘 구획하고 9분의 1의 세금을 거두는 정전법을 시행하는 것이 최선이라고 맹자는 여겼다. 상앙은 다른 이유에서 농업을 중시했다.

"백성이 농사짓는 데에 힘쓰지 않으면 대내적으로 식량이 부족해지고, 기개와 뜻을 전쟁에 쏟지 않으면 대외적으로 군사력이 약해진다. 안으로 식량이 부족하고 밖으로 군사력이 약하면, 비록 사방 만 리의 땅과 백만 명의 대군을 보유하고 있어도 홀로 황야에 서 있는 것과 같다."(『상군서』「신법」)

농사와 전쟁을 함께 강조한 그대로 상앙에게 농사는 군비 충당을 위한 일이었다. 물론 백성을 위한다는 명분이 없는 것은 아니지만, 이익을 좋아하고 형벌을 두려워하는 본성을 이용해서 농사에 전념하게 하므로 명분은 한낱 구실에 지나지 않는다. "백성은 가난하면 부유해지려 애쓰고, 부유해지려 힘쓰면 방탕해지고, 방탕해지면 폐해가 나타난다"(『상군서』「약민(弱民)」)고 하면서 가난한 백성을 부유하게 만들되 적절한 때에 그 부를 덜어내어 약하게 만들어야 통제해서 나라를 강성하게 할 수 있다고 한 데서도 그 의도는 드러난다.

백성에게 나눠줄 토지에 대해서는 "옛날 나라를 다스리며 농지를 분배한 수치는 이렇다. 성인 남자에게 1인당 5백 무의 땅을 나누어주고 거기서 나오는 세금으로 한 번의 전쟁을 치를 수 있었다. 그러나 이는 땅을 충분히 사용한 게 아니다"(『상군서』「산지(算地)」)라고 해서 맹자의 정전법보다 훨씬 많이 분배된 토지에 대해서도 부족하다고 했다. 이는 물론 전쟁을 위한 세제 마련의 측면에서 말한 것이다. 어쨌든 황무지 개간을 그토록 강조했던 것도 이 때문이다. 세금에 대해서는 "곡식의 수확량을 헤아려서 조세를 징수하면 군주의 제도가 통일되고 백성의 부담이 공평해진다"(『상군서』「간령」)고 했는데, 자세하게 서술하지는 않았으나 꽤 합리적이다.

5.4

有爲神農之言者許行, 自楚之滕, 踵門而告文公曰: “遠方之人聞君行仁政, 願受一廛而爲氓.”
文公與之處. 其徒數十人, 皆衣褐, 捆屨, 織席以爲食.
陳良之徒陳相與其弟辛, 負耒耜而自宋之滕, 曰: “聞君行聖人之政, 是亦聖人也, 願爲聖人氓.”
陳相見許行而大悅, 盡棄其學而學焉.
陳相見孟子, 道許行之言曰: “滕君則誠賢君也. 雖然, 未聞道也. 賢者與民並耕而食, 饔飧而治. 今也滕有倉廩府庫, 則是厲民而以自養也, 惡得賢?”
孟子曰: “許子必種粟而後食乎?”
曰: “然.”
“許子必織布而後衣乎?”
曰: “否. 許子衣褐.”
“許子冠乎?”
曰: “冠.”

曰: "奚冠?"
曰: "冠素."
曰: "自織之與?"
曰: "否. 以粟易之."
曰: "許子奚爲不自織?"
曰: "害於耕."
曰: "許子以釜甑爨, 以鐵耕乎?"
曰: "然."
"自爲之與?"
曰: "否. 以粟易之."
"以粟易械器者, 不爲厲陶冶. 陶冶亦以其械器易粟者, 豈爲厲農夫哉? 且許子何不爲陶冶, 舍皆取諸其宮中而用之? 何爲紛紛然與百工交易? 何許子之不憚煩?"
曰: "百工之事, 固不可耕且爲也."
"然則治天下獨可耕且爲與? 有大人之事, 有小人之事. 且一人之身, 而百工之所爲備, 如必自爲而後用之, 是率天下而路也. 故曰, '或勞心, 或勞力.' 勞心者治人, 勞力者治於人. 治於人者食人, 治人者食於人, 天下之通義也. 當堯之時, 天下猶未平, 洪水橫流, 氾濫於天下, 草木暢茂, 禽獸繁殖, 五穀不登, 禽獸偪人, 獸蹄鳥跡之道交於中國. 堯獨憂之, 擧舜而敷治焉. 舜使益掌火, 益烈山澤而焚之, 禽獸逃匿. 禹疏九河, 瀹濟漯而注諸海, 決汝漢, 排淮泗而注之江, 然後中國可得而食也. 當是時也, 禹八年於外, 三過其門而不入, 雖欲耕, 得乎? 后稷教民稼穡, 樹藝五穀, 五穀熟而民人育. 人之有道也, 飽食煖衣, 逸居而無教, 則近於禽獸. 聖人有憂之, 使契爲司徒, 教以人倫. 父子有親, 君臣有義, 夫婦有別, 長幼有序, 朋友有信. 放勳曰, '勞之來之, 匡之直之, 輔之翼之, 使自得之, 又從而振德之.' 聖人之憂民如此, 而暇耕乎? 堯以不得舜爲己憂, 舜以不得禹皐陶爲己憂. 夫以百畝之不易爲己憂者, 農夫也. 分人以財謂之惠, 教人以善謂之忠, 爲天下得人者謂之仁. 是故以天下與人易, 爲天下得人難. 孔子曰, '大哉堯之爲君! 惟天爲大, 惟堯則之, 蕩蕩乎民無能名焉. 君哉舜也! 巍巍乎, 有天下而不與焉.' 堯舜之治天下, 豈無所用其心哉? 亦不用於耕耳. 吾聞用夏變夷者, 未聞變於夷者也. 陳良, 楚産也, 悅周公仲尼之道, 北學於中國. 北方之學者, 未能或之先也. 彼所謂豪傑之士也. 子之兄弟, 事之數十年, 師死而遂倍之. 昔者, 孔子沒, 三年之外,門人治任將歸, 入揖於子貢, 相嚮而哭, 皆失聲, 然後歸. 子貢反, 築室於場, 獨居三年, 然後歸. 他日, 子夏子張子游, 以有若似聖人, 欲以所事孔子事之, 彊曾子. 曾子曰, '不可. 江漢以濯之, 秋陽以暴之, 皜皜乎不可尙已.' 今也, 南蠻鴃舌之人, 非先王之道, 子倍子之師而學之, 亦異於曾子矣. 吾聞出於幽谷遷于喬木者, 未聞下喬木而入於幽谷者. 魯頌曰, '戎狄是膺, 荊舒是懲.' 周公方且膺之, 子是之學, 亦爲不善變矣."

"從許子之道, 則市賈不貳, 國中無僞. 雖使五尺之童適市, 莫之或欺. 布帛長短同, 則賈相若; 麻縷絲絮輕重同, 則賈相若; 五穀多寡同, 則賈相若; 屨大小同, 則賈相若."

曰: "夫物之不齊, 物之情也. 或相倍蓰, 或相什百, 或相千萬. 子比而同之, 是亂天下也. 巨屨小屨同賈, 人豈爲之哉? 從許子之道, 相率而爲僞者也, 惡能治國家?"

신농의 학설을 실천하는 허행(許行)이라는 자가 초나라에서 등나라로 가서 궁문에 이르러 문공에게 아뢰었다.

"먼 곳에 사는 사람이 군주께서 어진 정치를 행한다는 말을 듣고서 집 한 채를 얻어 백성이 되고자 합니다."

이에 문공이 그에게 거처할 곳을 주었다. 그 무리 수십 명은 모두 거친 베옷을 입고서 짚신을 삼고 자리를 짜서 먹고 살았다.

당시 진량(陳良)의 문도인 진상(陳相)이 그의 아우 신(辛)과 함께 쟁기와 보습을 지고 송나라에서 등나라로 가서는 말했다.

"군주께서 성인의 정치를 행하신다고 들었습니다. 군주 또한 성인이시니, 성인의 백성이 되고자 합니다."

진상은 허행을 보자 아주 기뻐하며 자신이 배운 것을 다 버리고 허행의 학문을 배웠다. 진상은 맹자를 만나자 허행의 학설을 들려주었다.

"등나라 군주는 참으로 현명한 군주이기는 하지만, 아직 도를 듣지는 못했습니다. 현자는 백성과 더불어 밭을 갈아서 먹고 아침과 저녁을 손수 지어 먹으며 나라를 다스립니다. 이제 등나라에는 곡식 창고와 재물 창고가 있는데, 이건 바로 백성을 괴롭히면서 자신을 기르는 것입니다. 이러고서야 어찌 현명하다고 하겠습니까?"

맹자가 말했다.

"허자는 반드시 손수 곡식을 심어서 밥을 해 먹는가?"

"그렇습니다."

"허자는 반드시 손수 베를 짜서 옷을 해 입는가?"

"아닙니다. 허자는 거친 베옷을 입습니다."

"허자는 관을 쓰는가?"

"관을 씁니다."

"무슨 관을 쓰는가?"

"흰 관입니다."

"손수 짠 것인가?"

"아닙니다. 곡식을 주고 바꿉니다."

"허자는 어째서 손수 짜지 않는가?"

"농사짓는 데 방해가 되기 때문입니다."

"허자는 가마솥이나 시루로 밥을 짓고 쇠로 만든 농기구로 밭을 가는가?"

"그렇습니다."

"손수 만드는가?"

"아닙니다. 곡식을 주고 바꿉니다."

"곡식을 주고 기구를 바꾼다고 해서 옹기장이와 대장장이를 해치는 것은 아니다. 옹기장이와 대장장이 또한 자신이 만든 기구를 곡식과 바꾸지만, 그게 어찌 농부를 해치는 일이겠는가? 또 허자는 어찌하여 스스로 옹기장이와 대장장이 노릇을 해서 무엇이든 다 집안에서 마련하여 쓰지 않는가? 어찌하여 번거롭게 온갖 장인들과 서로 바꾸는가? 어찌하여 허자는 그런 번거로움을 꺼리지 않는가?"

"온갖 장인들의 일은 원래 농사를 지으며 할 수 있는 게 아닙니다."

"그렇다면 천하를 다스리는 일만은 농사지으면서 할 수 있다는 말인가? 세상에는 대인이 할 일이 있고 소인이 할 일이 있다. 게다가 한 사람의 몸에는 온갖 장인들이 만든 것들이 있어야 한다. 만일 사람마다 반드시 손수 만들어서 써야 한다면, 이는 천하 사람들을 이끌어 고달프게 하는 짓이다. 그래서 말하기를, '어떤 이는 마음으로 애쓰고, 어떤 자는 힘으로 애쓴다'고 했다. 마음으로 애쓰는 자는 남을 다스리고, 힘으로 애쓰는 자는 남의 다스림을 받는다. 남의 다스림을 받는 자는 남을 먹이고, 남을 다스리는 자는 남에게서 얻어먹으니, 이것이 천하에 널리 통하는 이치다.

요가 다스리던 때에는 천하가 아직 태평하지 않았으니, 큰물이 마구 넘쳐 흘러 천하에 범람하고 풀과 나무가 무성하게 자라며 날짐승과 길짐승이 마구 번식했고, 오곡이 제대로 여물지 못하고 짐승들이 사람을 핍박하여 온 나라의 길에 길짐승의 발자국과 새들의 자취가 어지러이 나 있었다. 이에 요가 홀로 걱정하다가 순을 기용하여 두루 다스리게 했다. 순은 익(益)에게 불을 다루게 했는데, 익이 산과 못에 불을 놓아 태우자 날짐승과 길짐승들은 달아나 숨었다. 또 우가 아홉 개의 강을 텄으니, 제수(濟水)와 탑수(漯水)를 다스려 발해로 흘러가게 하고, 여수(汝水)와 한수(漢水)를 터놓고, 회수(淮水)와 사수(泗水)를 내보내 장강으로 흘러가게 했다. 그런 뒤에야 온 나라가 곡식을 먹을 수 있게 되었다. 그때 우는 8

년 동안 집 밖에서 머물며 자기 집을 세 번이나 지나면서도 들어가지 않았으니, 농사를 지으려 한들 그렇게 할 수 있었겠는가?

후직(后稷)이 백성에게 농사를 가르쳐서 오곡을 심고 가꾸게 했는데, 오곡이 익자 백성은 잘 길러졌다. 그러나 사람에게는 가야 할 길이 있으니, 배불리 먹고 따뜻하게 입으며 편안하게 살면서 가르침을 받지 못하면 짐승과 가까워진다. 성인은 또 이를 걱정하여 설(契)을 사도(司徒)로 삼아서 인륜을 가르치게 했다. 이에 아비와 자식 사이에는 친함이 있게 되었고, 임금과 신하 사이에는 올바름이 있게 되었으며, 지아비와 지어미 사이에는 다름이 있게 되었고, 어른과 아이 사이에는 차례가 있게 되었으며, 벗들 사이에는 미쁨이 있게 되었다. 방훈(放勳)이 말하기를, '힘쓰게 하고 달래주며, 바로잡아 곧게 해주며, 도와주고 이루게 해주며, 스스로 터득하게 해주며, 또 좇아와 덕을 떨치게 한다'고 했으니, 성인이 백성을 걱정하는 것이 이와 같은데 어느 겨를에 농사를 짓겠는가?

요는 순과 같은 사람을 얻지 못할까 걱정했고, 순은 우와 고요(皐陶) 같은 사람을 얻지 못할까 걱정했다. 100무의 밭을 다스리지 못할까 걱정하는 자는 농부다. 재물을 남에게 나누어주는 것을 은혜라 하고, 착함을 남에게 가르치는 것을 참된 마음이라 하며, 천하를 위해 사람을 얻는 것을 어짊이라 한다. 이런 까닭에 천하를 남에게 주기는 쉬우나 천하를 위해 사람을 얻기는 어려운 것이다. 공자가 말하기를, '위대하도다, 요의 임금다움이여! 오로지 하늘이 위대하거늘, 요만이 그것을 본받았으니. 넓고도 넓어 백성이 도무지 이름을 붙이지 못하는구나! 임금답구나, 순이여! 높고도 높아 천하를 가지고도 아무렇지도 않게 여겼구나!'라고 했다. 요와 순이 천하를 다스리면서 어찌 마음을 쓰지 않았겠는가? 다만 농사짓는 데에 마음을 쓰지 않았을 따름이다. 나는 화하(華夏)가 오랑캐를 변화시켰다는 말은 들었어도 화하가 오랑캐로 말미암아 변화되었다는 말은 들은 적이 없다. 진량은 초나라 태생이지만 주공과 중니(공자)의 도를 기꺼워하여 북으로 와서 중원에서 배웠다. 북방의 학자들 가운데 그보다 앞선 자가 아직 없었으니, 그는 이른바 호걸스런 선비라 할만하다. 그대 형제는 그를 수십 년 동안 섬기다가 스승이 죽자 마침내 배신했구나. 옛날에 공자가 세상을 떠나고 3년 뒤에 문인들이 보따리를 꾸려서 돌아갈 때, 자공에게 읍하고 서로 마주보며 곡을 하다가 모두 목이 쉰 뒤에야 돌아갔다. 이때 자공은 되돌아가서 무덤 곁에 여막을 짓고 홀로 3년 동안 머문 뒤에야 돌아갔다. 뒷날에 자하와 자장, 자유는 유약이 성인이신 공자와 닮았다고 하여 공자를 섬기던 예로써 그를 섬기려 하면서 증자에게 억지로 청했다. 그러자 증자는 '그럴 수 없소. 장강과 한수의 물로 씻고 가을볕으로 쬐니, 희고도 희어 더할 게 없구나'라고 말했다. 이제 남쪽 오랑캐의 때까치 소리가 선왕의 도를 비난하는데, 그대는 그대 스승을 배반하고 그것을 배우니 이는 증자와 다르다. 어둑한 골짜기에서 나와 높은 나무로 옮겨 갔다는 말은 들은 적이 있으나, 높은 나무에서 내려와 어둑

한 골짜기로 들어갔다는 말은 아직 들은 적이 없다. 『시경』 「노송(魯頌)」의 〈비궁(閟宮)〉에서 '오랑캐 융(戎)과 적(狄)을 치고, 형(荊)과 서(舒)를 벌주도다'라고 했다. 주공조차 오랑캐들을 쳤는데 그대는 도리어 오랑캐의 것을 배우고 있으니, 이 또한 제대로 바뀐 것이 아니다."

"허자의 도를 따르면 저자에 물건 값이 두 가지가 아니어서 온 나라에 거짓이 없게 됩니다. 그러면 비록 오척 동자를 저자에 보내더라도 속이려는 자가 없을 것입니다. 베와 비단은 길이가 같으면 값도 서로 비슷하고, 삼과 명주, 실과 솜은 무게가 같으면 값이 서로 비슷하고, 오곡은 양이 같으면 값이 서로 비슷하고, 신발은 크기가 같으면 값이 서로 비슷합니다."

맹자가 말했다.

"대체로 물건이란 서로 똑같지 않은 것이 물건의 실정이다. 그래서 그 값이 혹은 두 배나 다섯 배도 되고, 혹은 열 배나 백 배도 되고, 혹은 천 배나 만 배도 된다. 그럼에도 그대는 물건들을 양으로만 견주어서 똑같다고 여기니, 이는 천하를 어지럽히는 짓이다. 정교하게 만든 신발과 조잡하게 만든 신발의 값이 같다면, 사람들이 어찌 정교한 신발을 만들려 하겠는가? 허자의 도를 따르는 것은 서로 이끌어서 거짓을 일삼는 짓이다. 그래서야 어찌 나라를 다스릴 수 있겠는가?"

注釋 신농(神農)은 중국 고대의 전설적 인물이다. 허행(許行)은 다른 책에서는 보이지 않는다. 종(踵)은 이르다는 뜻이다. 맹(氓)은 다른 나라에서 이주해 온 백성을 뜻한다. 갈(褐)은 거친 베옷이다. 곤구(捆屨)의 곤(捆)은 두드리다를, 구(屨)는 신발을 뜻한다. 진량(陳良)은 유자(儒者)로 여겨진다. 뢰사(耒耜)는 쟁기와 보습을 뜻한다. 옹손(饔飧)은 아침밥과 저녁밥인데, 여기서는 그 밥을 지어 먹다는 동사로 쓰였다. 려민(厲民)의 려(厲)는 고달프게 하다, 괴롭히다는 뜻이다. 부증(釜甑)은 솥과 시루인데, 솥은 금속으로 만든 것이고 시루는 질그릇이다. 찬(爨)은 불을 때다, 밥을 짓다는 뜻이다. 철경(鐵耕)의 철(鐵)은 쇠로 만든 농기

구를 가리킨다. 사개(舍皆)의 사(舍)는 무엇이든을 뜻한다. 궁(宮)은 진한(秦漢) 이전에는 신분의 귀천과 상관없이 집이라는 뜻으로 쓰였다. 왕이 거처하는 곳을 뜻하게 된 것은 진한 이후다. 대인(大人)은 군자와 비슷한 말이며, 어떤 때에는 덕이 있는 자를, 어떤 때에는 벼슬에 있는 자를 가리킨다. 로(路)는 고달프다는 뜻이다. 핍(偪)은 핍(逼)의 고자(古字)로, 위협하다, 핍박하다는 뜻이다. 부치(敷治)의 부(敷)는 널리, 두루를 뜻한다. 익(益)은 백익(伯益)이라고도 하며, 우와 함께 순의 신하였다. 소(疏)는 통(通)과 같다. 후직(后稷)은 이름이 기(棄)이며, 주 왕조의 시조다. 오곡(五穀)은 도(稻)·서(黍)·직(稷)·맥(麥)·숙(菽)을 가리킨다. 성인유우지(聖人有憂之)의 유(有)는 우(又)와 같다. 설(契)은 은 왕조의 조상이다. 방훈(放勳)은 요의 이름이다. 래(來)는 위로하다는 뜻이다. 고요(皐陶)는 순이 다스릴 때의 사법관이다. 백무지불이(百畝之不易)의 이(易)는 다스리다는 뜻으로, 여기서는 경작하는 것을 가리킨다. 공자의 말은 『논어』「태백(泰伯)」편에도 비슷하게 나오는데, 끄트머리가 좀 달라서 "임금답구나, 순이여! 높고도 높아 천하를 가지고도 아무렇지 않게 여겼구나!"(君哉舜也! 巍巍乎, 有天下而不與焉)가 『논어』에서는 "높고도 높구나, 그가 세운 성금이여! 빛나도다, 그가 이룩한 문화여!"(巍巍乎, 其有成功也! 煥乎, 其有文章!)라고 되어 있다. 역불용(亦不用)의 역(亦)은 단(但)과 같다. 배지(倍之)의 배(倍)는 배신하다는 뜻의 배(背)와 같다. 치임(治任)의 임(任)은 등에 메는 보따리를 뜻한다. 포(暴)는 햇볕에 쬐다는 뜻의 폭(曝)과 같다. 호호(皜皜)는 아주 흰 모양이다. 격(鴃)은 결(鴂)로도 쓰며, 때까치를 뜻한다. 응(膺)은 치다는 뜻의 격(擊)과 같다. 가(賈)는 가(價)와 같으며, 값을 뜻한다. 오척(五尺)은 지금의 석 자 반 정도에 해당한다. 고대의 척(尺)은 지금보다 짧아서 주 왕조 때는 대략 23cm고, 주 왕조 말기에는 그보다 짧아져서 대략 20.5cm였다고 한다. 사(蓰)는 다섯 배를 뜻한다. 거구소구(巨屨小屨)의 대(大)는 정교함을, 소(小)는 조잡함을 뜻한다.

蛇足 상앙도 중농 정책을 폈지만, 허행의 학설처럼 그렇게 편협하지 않다. 오히려 부국강병을 위한 합리적인 계책이라 할 수 있다. 아무리 농사

가 생산에서 절대적인 비중을 차지하는 시대였지만, 허행의 학설은 정치제도를 지나치게 단순하게 이해한 것이다. 게다가 군주의 역할과 책무가 무엇인지를 제대로 이해하지 못하고 있는데, 여기서 맹자 사상이 갖는 의의는 실로 대단하다.

맹자는 요와 순, 우, 후직 등을 들면서 한결같이 '걱정했다'고 말했다. 후대에 유자들이 '우환의식'이라고 한 것의 역사적 근거다. 그들은 천하 백성들이 편안하게 살지 못할까 걱정했다. 이런 걱정은 군주로서 책임의식에서 비롯된 것으로, 누가 강요한 것이 아니다. 스스로 자각해서 가진 의식이다. 역사적으로 군주가 가졌던 이런 책임의식을 맹자는 선비들도 가져야 한다고 은연중에 강조하고 있는데, 그 근거는 군주와 마찬가지로 선비들도 사단(四端)을 나면서부터 지니고 있기 때문이다. 비록 백성들은 그것을 자각하고 확장하기 어렵지만, 선비들은 충분히 그렇게 할 수 있으므로 스스로 책임의식을 가져야 한다는 것이다.

한편, 맹자는 다양한 생산 방식과 교역을 그 자체로 인정하고 있다는 점에서 상앙과 다른 면모를 보여주고 있다. 또 천하를 다스리는 일은 대인의 일과 소인의 일, 즉 마음을 쓰는 일과 힘을 쓰는 일로 이루어진다고 하여 오로지 물질적인 생산만을 중시할 수 없다고 했는데, 이 또한 상앙과 다르다. 상앙은 "녹봉이 많은 고위관리들에게 세금을 많이 거두어야 한다. 그에게 빌붙어서 빈둥대며 놀고먹는 식객이 많으면 농사를 망치기 때문이다"(『상군서』「간령」)라고 하여 맹자가 말한 대인의 존재를 안중에도 두지 않았다. 이는 맹자에게 대인은 군주를 보좌해서 나라를 다스릴 주체로 간주된 반면에, 상앙에게는 그런 존재가 필요하지 않았기 때문이다. 관리는 오로지 군주의 명을 따라서 법령과 형벌을 집행하는 대리인일 뿐이며 군주에게 부속된 존재로 간주되었던 것이다.

5.5

墨者夷之, 因徐辟而求見孟子, 孟子曰: "吾固願見, 今吾尙病. 病愈, 我且往見, 夷子不來!"
他日, 又求見孟子, 孟子曰: "吾今則可以見矣. 不直則道不見, 我且直之. 吾聞夷子墨者, 墨之治喪也, 以薄爲其道也. 夷子思以易天下, 豈以爲非是而不貴也? 然而夷子葬其親厚, 則是以所賤事親也."
徐子以告夷子, 夷子曰: "儒者之道, 古之人若保赤子, 此言何謂也? 之則以爲愛無差等, 施由親始."
徐子以告孟子, 孟子曰: "夫夷子信以爲人之親其兄之子爲若親其隣之赤子乎? 彼有取爾也. 赤子匍匐將入井, 非赤子之罪也. 且天之生物也, 使之一本, 而夷子二本故也. 蓋上世嘗有不葬其親者, 其親死, 則擧而委之於壑. 他日過之, 狐狸食之, 蠅蚋姑嘬之, 其顙有泚, 睨而不視. 夫泚也, 非爲人泚, 中心達於面目. 蓋歸反虆梩而掩之. 掩之誠是也, 則孝子仁人之掩其親, 亦必有道矣."
徐子以告夷子, 夷子憮然, 爲閒, 曰: "命之矣."

묵자의 무리인 이지(夷之)가 서벽(徐辟)을 통해 맹자에게 뵙고 싶다고 청하자, 맹자가 말했다.
"나도 정말 만나고 싶지만, 지금은 내가 병이 났다. 병이 나으면 내가 만나러 갈 테니, 이지 선생은 오지 마시라."
그 후, 이지가 다시 맹자를 뵙고 싶다고 청하자, 맹자가 말했다.

"오늘은 내가 만날 수 있다. 곧게 말하지 않으면 도가 드러나지 않으니, 내가 바로 말하리라. 내 들으니, 이지는 묵자의 무리라 하는데, 묵자의 무리는 상례를 치를 때 검소한 장례를 도로 삼는다고 한다. 이지는 그 도로써 천하의 풍속을 바꾸려는 생각을 하고 있으니, 이것이 어찌 옳다고 하면서 귀하게 여기지 않는 것이겠는가? 그런데도 이지는 그 어버이의 장례를 화려하게 치렀으니, 이는 곧 자신이 천하게 여기는 것으로써 어버이를 섬긴 것이다."

서벽이 이를 이지에게 전하니, 이지가 말했다.

"유자의 말에 '옛사람이 어린아이를 지키듯이 했다'는 것이 있으니, 이 말은 무슨 뜻이오? 나는 사랑에는 차등이 없고 베풂은 어버이로부터 시작한다고 생각하오."

서벽이 이를 맹자에게 전하니, 맹자가 말했다.

"저 이지는 참으로 사람들이 제 형의 아들을 가까이하는 것을 이웃의 어린아이를 가까이 하는 것과 같다고 여기는가? 그는 이렇게만 알고 있을 뿐이다. 어린아이가 기어서 우물에 들어가려는 것은 어린아이의 죄가 아니다. 또 하늘이 만물을 낳을 때는 하나의 근본이 있게 했는데, 이지는 두 가지 근본이 있게 했기 때문이다. 저 아득한 옛날에 그 어버이를 장사 지내지 않은 자가 있었는데, 그 어버이가 죽자 주검을 들어서 구덩이에 내다버렸다. 어느 날 그곳을 지나다가 여우와 삵괭이가 주검을 먹고 있고 파리와 각다귀가 씹고 물어뜯고 있는 것을 보았다. 이마에서는 땀이 났으며, 바로 보지 못하고 곁눈질로 보았다. 이 땀이란 것은 남을 의식해서 흘린 것이 아니라 마음에 있던 것이 얼굴에 나타난 것이다. 이에 집으로 돌아와서는 삼태기와 가래를 갖고 되돌아가 주검을 덮어 가렸다. 덮어 가린 것이 참으로 옳다면, 효자와 어진 이가 그 어버이를 가리는 데에도 반드시 도리가 있다 하리라."

서벽이 이지에게 알리니, 이지는 멍하게 한참을 있다가 말했다.

"나를 일깨워주셨구나."

注釋 이지(夷之)는 묵가(墨家)의 학설을 따르는

사람인 듯하나, 누구인지 자세히 알 수는 없다. 서벽(徐辟)은 맹자의 제자다. 도불현(道不見)의 현(見)은 현(現)과 같다. 이박(以薄)의 박(薄)은 묵가에서 주장하는 박장(薄葬), 즉 검소하게 치르는 장례를 가리킨다. 『묵자』에 「절장(節葬)」편이 있는데, 장례를 성대하게 또 오랫동안 치르는 유가의 풍조를 비판하고 있다. 약보적자(若保赤子)는 『상서』「주서(周書)」의 〈강고(康誥)〉에 나오는 "어린아이를 지키듯이 한다면, 백성은 잘 다스려져 편안해진다"(若保赤子, 惟民其康乂)는 구절에서 따온 것이다. 시(施)는 바른 정치나 은혜를 가리킨다. 승(蠅)은 파리고, 예(蜹)는 모기다. 고(姑)는 씹다는 뜻의 저(咀)와 같다. 최(嘬)는 깨물다, 물어뜯다는 뜻이다. 상(顙)은 이마를 뜻한다. 체(泚)는 땀이 나다는 뜻이다. 예(睨)는 흘겨보다, 곁눈질하다는 뜻이다. 개귀(蓋歸)의 개(蓋)는 이에, 곧 등의 뜻으로 쓰였다. 류(虆)는 흙을 담는 삼태기, 리(梩)는 흙을 파는 가래다. 무연(憮然)은 멍하니 정신이 나간 모양이다. 위간(爲間)은 잠시 동안을 뜻한다. 명(命)은 가르치다, 일깨우다는 뜻이다.

蛇足 이지는 스스로 모순을 저질렀다. 이는 모든 사람을 평등하게 사랑해야 한다는 겸애(兼愛)가 지고한 이상으로서는 높이 평가될 수 있으나, 인정을 도외시한 폐단이 있어 현실적이지 못하고 기독교의 사랑이나 불교의 자비처럼 종교성이 강하기 때문이다. 묵가의 무리가 종교적 결사의 성격이 짙었던 까닭도 여기에 있다. 그러나 맹자는 인정에 바탕을 둔 도덕이야말로 현실적인 문제를 해결할 수 있다고 보았다. 인정은 가까운 사람을 살갑게 대하지만 먼 사람에게는 서먹서먹한 것이다. 선택의 상황에 직면하지 않았을 때는 낯선 사람에게도 잘 대해주고 이웃집 어린아이를 위해 위험도 마다하지 않을 수 있다. 그러나 친한 사람과 낯선 사람이 같이 있을 때는 누구에게 먼저 마음이 갈까? 자기 아이와 이웃집 아이가 같이 물에 빠졌을 때, 누구를 먼저 구할까? 물론 낯선 사람에게 더 마음을 쓰고 이웃집 아이를 먼저 구하는 이도 있을 수 있으나, 아무도 그것을 인정에 따른 것이라고 보지 않는다. 그래서 그런 행동을 높이 일컫기는 하지만, 현실적으로 그건 매우 드문 일이고 예외적인 일로 보아야 한다. 맹자는 예외적

인 사례를 가지고 통용되는 도리로 삼는 데에는 반대했으며, 특히 자연스런 감정을 거스르는 것은 도덕적으로 의의가 없다고 보았다. 아비의 주검을 아무렇게나 내다버렸다가 나중에 그것을 보고서 저도 모르게 땀을 흘린 사내의 이야기를 한 것도 그 때문이다. 이는 예의라는 게 그저 특정한 틀에 맞추기 위해 작위적으로 만든 것이 아니라, 사람이 살아가면서 자연스럽게 느끼고 경험했던 일들을 바탕으로 하나씩 꼴을 갖춘 결과물이라는 것이다. 상례를 예로 들면, 죽음에 대해서는 누구나 두려워하거나 슬퍼한다. 가까운 이의 죽음은 더욱 슬프다. 슬프기 때문에 아쉬움도 크다. 그래서 슬픔을 달래고 아쉬움이 없게 하려고 마음을 쓰고 재물도 아끼지 않으면서 장례를 치르는 것이다. 이런 마음은 누구에게나 있어서 이지 자신도 부친의 장례를 그렇게 치렀다. 이는 그가 무의식적으로 또는 자연스럽게 한 일이지만, 겸애와는 어긋난다. 맹자가 "이지는 두 가지 근본이 있게 했다"고 한 말은 이를 지적한 것이다. 또 "하늘이 하나의 근본이 있게 했다"는 말은 겸애가 아닌 차별적인 사랑만이 자연스러운 사랑이고 천하에 통용되는 사랑이라는 뜻이다.

"옛사람이 어린아이를 지키듯이 했다"는 말의 뜻이 무엇이냐에 대해 맹자는 "어린아이가 기어서 우물에 들어가려는 것은 어린아이의 죄가 아니다"라고 대답했다. 다소 모호한 구석은 있지만, 그 의미는 이렇다. 어린아이는 무엇이 위험한지를 모른다. 스스로 위험한 짓을 하더라도 그것은 알고 하는 게 아니며, 위태로운 상황에 처하더라도 그건 스스로 한 게 아니다. 그처럼 백성들은 자신들이 위태로운 상황에 맞닥뜨리게 될지를 모르며, 그들의 삶이 피폐해지는 것도 그들이 바라거나 그렇게 하려고 해서 그런 게 아니라는 말이다. 따라서 그저 측은지심으로 어린아이를 구해주듯이 백성들도 구해주어야 한다는 뜻이다. 사실, 어린아이와 백성이 위험에 처하는 근본적인 이유는 서로 다르다. 어린아이는 아무것도 모른 채 스스로 위험한 곳으로 가지만, 백성들은 군주와 신하들이 그런 상황으로 내몬다. 백성들은 권력이라는 바람 앞에 힘없이 쓰러지는 풀일 뿐이다.